WORDPRESS
Onder De Motorkap

2026, Roy Sahupala

Belangrijke opmerking

De methodes en programma's in deze handleiding zijn zonder inachtneming van enige patenten vermeld. Ze dienen alleen maar voor amateur- en studiedoeleinden. Alle technische gegevens en programma's in dit boek zijn door de auteur met de grootste zorgvuldigheid samengesteld en na een grondige controle gereproduceerd. Toch zijn fouten niet volledig uit te sluiten. De uitgever ziet zich daarom gedwongen erop te wijzen dat ze noch enige garantie, noch enige juridische verantwoordelijkheid of welke vorm van aansprakelijkheid op zich kan nemen voor gevolgen die voortvloeien uit foutieve informatie. Het melden van eventuele fouten wordt door de auteur altijd op prijs gesteld.

Wij willen je erop wijzen dat de soft- en hardwarebenamingen die in dit boek worden vermeld, evenals de merknamen van de betrokken firma's meestal door fabrieksmerken, handelsmerken of door het patentrecht zijn beschermd.

Alle rechten voorbehouden.

Niets uit deze uitgave mag worden verveelvoudigd, opgeslagen in een geautomatiseerd gegevensbestand dan wel openbaar gemaakt in enige vorm of op enige wijze, hetzij elektronisch, mechanisch, door fotokopieën, opnamen, of enige andere wijze, zonder voorafgaande schriftelijke toestemming van de uitgever.

Auteur:	R.E. Sahupala
ISBN/EAN:	979-8-34-548861-4
Eerste druk:	01-06-2018
Editie:	01-2026 KDP
NUR-code:	994
Uitgever:	WJAC
Website:	wp-books.com/odm

Met speciale dank aan:
Mijn lieve vriendin Iris van Hattum en onze zoon Ebbo Sahupala.

INHOUDSOPGAVE

INTRODUCTIE	**1**
Voor wie is dit boek?	3
Benodigdheden	4
Doel van dit boek	5
STAPPEN	**7**
WORDPRESS INSTALLEREN	**9**
WORDPRESS STRUCTUUR	**13**
PHP-bestanden	14
wp-admin folder	16
wp-content folder	16
wp-includes	18
Welke PHP-bestanden mag ik aanpassen?	18
Theme hiërarchie	19
Basis theme-bestanden	21
Theme bestand	24
INTRODUCTIE PHP	**27**
Syntax PHP	29
INTRODUCTIE MYSQL	**31**
THE LOOP	**35**
WP-CONFIG.PHP	**39**

MySQL settings	41
Keys & Salts	43
Database Table Prefix	45
Absolute Path	46
EXTRA WP-CONFIG OPTIES	**49**
Site & Home adres	50
Folder structuur en url	52
Multi-site netwerksite	54
Content	57
Extra beveiligen	58
DEBUGGING	**61**
DEBUGGING PLUGINS	**65**
Query Monitor	65
Debug Bar	66
Debug Bar Slow Actions	66
Log Deprecated Notices	67
Theme switcher	67
CHILD THEME	**69**
Child theme maken	70
functions.php	71
style.css	71
WORDPRESS IN ACTIE	**75**

WORDPRESS PHP — 81

PHP in WordPress — 82

Variabele — 83

Array — 86

Functions — 89

Conditional statements — 92

Loop — 96

Standaard PHP- en WordPress-functions — 98

Operators — 99

WP_QUERY — 103

WP_Query aanpassen — 106

FUNCTIONS.PHP — 115

Functions praktisch toepassen — 117

PRAKTISCHE FUNCTIONS — 121

Link 'Verder Lezen' aanpassen of verwijderen — 122

Extra afmeting van afbeelding toevoegen — 125

Afbeeldingen regenereren — 128

Extra bestandstype uploaden — 129

jQuery opnemen in WordPress — 130

Overbodige tags in de head verwijderen — 134

Google Analytics toevoegen — 136

Resized JPG-afbeelding verscherpen — 137

THEME CUSTOMIZER — 139

Customizer objecten — 140

Footer customizer — 141

HOOKS — 149

DRY METHODE — 153

SJABLOON MAKEN — 157

index.php — 158

The Loop aanpassen — 158

functions.php — 159

content-sidebar.php — 160

Sjabloon instellen en widgets toepassen — 160

SHORTCODE — 163

Shortcode function — 163

Shortcode uitbreiden — 164

Shortcode Plugin — 166

PLUGIN MAKEN — 171

Google Analytics met tracking ID code — 172

PLUGIN VERTALEN — 181

Theme vertalen — 185

WIDGET BLOK PLUGIN MAKEN — 187

CUSTOM POST TYPE — 193

functions.php — 194

Recept toevoegen	197
Menu aanpassen	198
Templates voor Custom Post Types	200
CUSTOM FIELDS	**203**
CHEAT SHEET	**209**
WordPress cheat sheet	210
CODE SNIPPETS	**215**
Systeem performance	216
Theme	218
Dashboard	221
Widgets	225
Beveiliging	226
Media	228
Extra	229
Login URL veranderen	230
CODE GENERATOR	**233**
Hasty	234
DATABASE BEHEREN	**237**
Optimaliseren	238
Admin E-mailadres wijzigen	239
Gebruikersnaam en Wachtwoord wijzigen	240
Back-up maken	242

Zoek en vervang	243
Plugins deactiveren	244
DEVELOPER TOOLS	**247**
TOT SLOT	**253**
OVER DE SCHRIJVER	**255**

Gebruikersnaam

Wachtwoord

☐ Deze gegevens onthouden   Inloggen

Wachtwoord vergeten?

← Terug naar Pluk de dag

INTRODUCTIE

Thema's en plugins zorgen ervoor dat een sitebouwer zonder enige technische kennis WordPress kan uitbreiden. Een aantal thema's zijn voorzien van specifieke site-elementen zoals bijvoorbeeld een headerslider, galerij of uitgebreid zoeksysteem. Extra functionaliteit toevoegen kan met plugins. Het voordeel van een plugin is dat dit niet afhankelijk is van een thema en dat programmeerkennis niet nodig is.

Toch komt het vaak voor dat dit niet helemaal voldoet aan de verwachting. Een bepaalde functie wordt gemist, een site-onderdeel moet worden verwijderd, vervangen of aangepast. In dat soort gevallen moet er onder de motorkap worden gekeken. De scripttalen die je tegenkomt zijn PHP in combinatie met HTML, CSS en JavaScript.

In dit boek laat ik zien hoe je WordPress kunt uitbreiden of aanpassen. De focus ligt op de structuur van WordPress en het uitbreiden van het systeem.

Met PHP is het mogelijk om het kernsysteem (Core) uit te breiden of aan te passen. Het is ook mogelijk om met PHP thema's en plugins te maken.

In dit boek leer je WordPress onder de motorkap aan te passen. Je hebt na het lezen van dit boek meer kennis van PHP. Je weet welke bestanden gebruikt kunnen worden, waarom werken met een child theme belangrijk is en hoe je extra functies, plugins en widgets kunt maken.

Dit boek geeft je een solide basis om op eigen kracht WordPress te onderzoeken.

WORDPRESS - Onder De Motorkap

Wil je nog dieper op WordPress ingaan? Dan kun je terecht bij de **WordPress Codex**. Dat is "DE verzameling van alle WordPress-documentatie". Zie: *https://codex.wordpress.org*.
Zie ook Code Reference: https://developer.wordpress.org/reference.

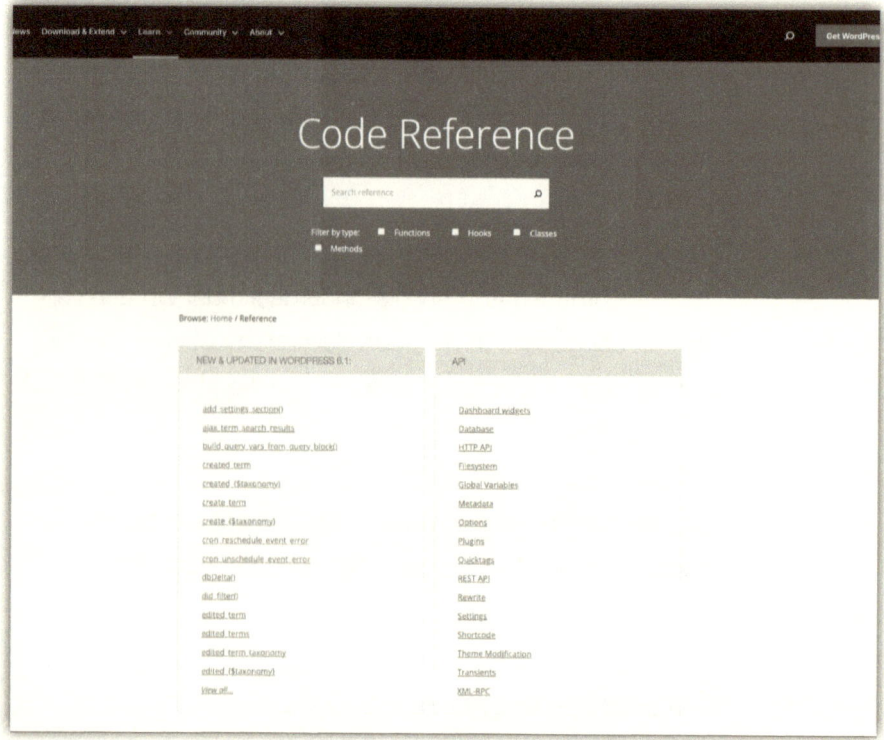

Alle oefeningen in dit boek zijn praktisch. Ik laat alleen het meest essentiële zien, ze bevatten geen overbodige beschrijving en zijn direct toe te passen.

Daarnaast kun je alle scripts die in dit boek worden gebruikt ook downloaden: wp-books.com/odm/bestanden.
Het wachtwoord is te vinden op blz. 7.

Uitleg voor Mac- en Windows-gebruikers.

Voor wie is dit boek?

- Voor degenen met een basiskennis van WordPress.
- Voor degenen met een basiskennis van HTML en CSS.
- Voor degenen die niet afhankelijk willen zijn van ontwikkelaars.
- Voor degenen die een WordPress-site willen aanpassen of uitbreiden.
- Voor degenen die een kijkje hebben genomen onder de motorkap en het aandurven om het systeem aan te passen.
- Voor aankomende front- en backend-ontwikkelaars.
- Voor aankomende webdesigners.

Tip: Neem de tijd! Lees een hoofdstuk zorgvuldig door voordat je plaatsneemt achter de computer.

Benodigdheden

De laatste versie van WordPress en het thema **Twenty Seventeen**. Voor de verwerking van de diverse CMS-codes wordt een code editor gebruikt.

Er zijn verschillende open-source code editors beschikbaar, zoals **Notepad++** (Windows): *https://notepad-plus-plus.org* en **Atom** (Apple en Windows): *https://atom.io*.
Wil je een andere code editor gebruiken? Zoek dan via Google naar "Free Source Code Editors". Het gebruik van deze open-source code editors is gratis.

Met een **lokale webserver** kun je zonder webhosting een WordPress-site op je eigen computer ontwikkelen. Mijn voorkeur gaat uit naar het programma **Local**. Het voordeel hiervan is dat je direct toegang hebt tot de WordPress-bestanden. In dit boek wordt uitgegaan van een WordPress-installatie met behulp van lokale hosting en remote hosting.

Voor een remote webhosting kun je met een **FTP-programma** toegang krijgen tot de WordPress-bestanden. Er zijn diverse FTP-programma's beschikbaar, zoals **FileZilla**, een gratis open-source programma. Zie: *https://filezilla-project.org*.

Met behulp van een **internetbrowser** kun je contact maken met je WordPress-site. Het is raadzaam om meer dan één browser te installeren, omdat bepaalde WordPress-functies mogelijk niet werken in je favoriete browser. Als dit het geval is, kun je snel overstappen naar een andere browser. Alle oefeningen in dit boek zijn getest met de laatste versies van Firefox, Safari, Chrome en Edge.

Doel van dit boek

In WordPress kun je op eenvoudige wijze het systeem aanpassen. De codes in dit systeem geven aan wat de bedoeling is. In dit boek geef ik onder andere een introductie van het gebruik van PHP in WordPress.

Dit boek is bedoeld voor WordPress-gebruikers met kennis van HTML en CSS die al eerder een WordPress-thema hebben gemaakt en nu meer willen weten over het systeem.

Met behulp van dit boek krijgen gebruikers meer inzicht in het systeem en welke bestanden ze hiervoor kunnen gebruiken. In dit boek worden verschillende codes uitgelegd die praktisch zijn toe te passen.

Door WordPress-codes te bekijken en te ontleden, zal duidelijk worden wat deze doen. Hiermee hoop ik dat de lezer meer inzicht krijgt in wat WordPress precies is en hoe je dit kunt aanpassen.

Het is niet mijn bedoeling dat de lezer met dit boek een volleerd PHP-ontwikkelaar wordt. Wil je meer informatie dan adviseer ik je een goed PHP-boek te raadplegen of naar de website **www.w3schools.com/php** te gaan.

Alle scripts in dit boek zijn ook te downloaden via **wp-books.com/odm**. Houd deze site regelmatig in de gaten voor extra informatie.

STAPPEN

Ik adviseer om alle stappen zoals beschreven in dit boek te volgen. Gebruik het thema **Twenty Seventeen**, dat je kunt installeren en activeren vanuit WordPress. Alle bestanden die in dit boek worden behandeld, zijn hier te downloaden:

> Je hebt wel een wachtwoord nodig:
> **Adres: wp-books.com/odm/bestanden**
> **Wachtwoord: plukdedag-odm**

In sommige hoofdstukken zie je het **download-logo**. Dit betekent dat er voorbeeldbestanden beschikbaar zijn.

Wanneer je dit downloadt, hoef je de codes niet over te typen. Door middel van kopiëren en plakken kun je extra functionaliteit toevoegen.

Onderwerpen:

- WordPress Structuur
- WP-Config
- Debugging
- Child Theme
- WordPress PHP
- WP_Query
- Functions
- Praktische Functions
- Theme Customizer
- Hooks
- DRY Methode

- Sjabloon
- Shortcode
- Plugins
- Widget Blokken
- Custom Post Type
- Custom Fields
- Code Snippets
- Code Generator
- Database
- Developer Tools

WORDPRESS - Onder De Motorkap

WORDPRESS INSTALLEREN

Installeer een WordPress website met de naam **wp-site**. In dit boek ga ik uit van een installatie met behulp van een lokale server LOCAL. Wil je ook gebruikmaken van dit programma, ga dan naar **localwp.com**.

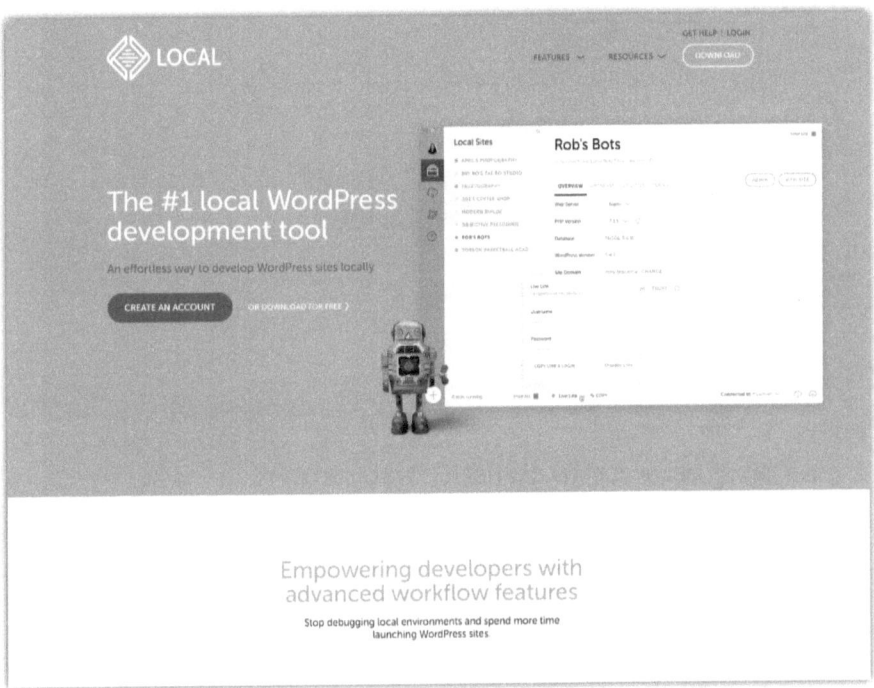

Wil je gebruikmaken van een WordPress-installatie bij een webhost, dan heb je een **FTP-programma** nodig om toegang te krijgen tot je WordPress-bestanden. Als je nog niet over een FTP-programma beschikt, dan kun je **FileZilla** downloaden van **filezilla-project.org**.

Ik ga ervan uit dat je voldoende kennis hebt om WordPress te installeren. In het boek **WordPress Basis** staat precies beschreven hoe je dit kunt doen.

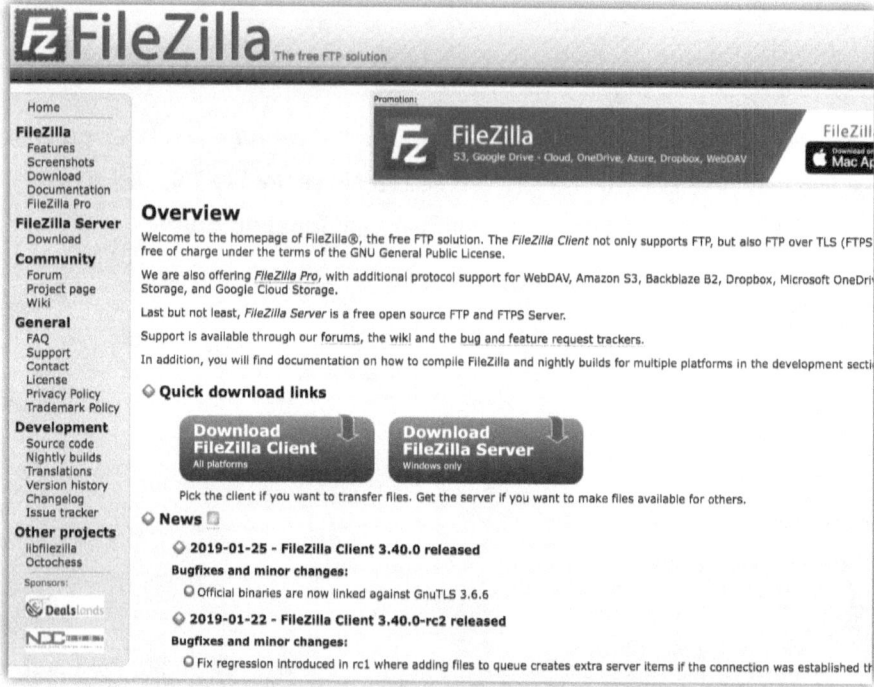

Ik ga ervan uit dat je zelfstandig het FTP-programma kunt installeren en configureren om toegang te verkrijgen tot je online WordPress-bestanden.

Om toegang te verkrijgen tot je online bestanden heb je FTP-gegevens nodig (FTP-adres, gebruikersnaam en wachtwoord). Deze informatie heb je van je webhost ontvangen.

Andere FTP-programma's die je kunt gebruiken zijn onder meer **WS-FTP** (voor Windows) en **CyberDuck** (voor MacOS).

WORDPRESS - Onder De Motorkap

WORDPRESS STRUCTUUR

Voordat je een site gaat aanpassen, ga je eerst kijken naar de folderstructuur van een WordPress-site. In dit boek ga ik uit van een installatie met behulp van het programma LOCAL of MAMP.

Heb je ook WordPress geïnstalleerd op je eigen computer ga dan naar:
LOCAL: **Gebruikersnaam > Local Sites > wp-site > app > public**.
MAMP: **Apps > MAMP > htdocs > wp-site**.

Heb je WordPress geïnstalleerd bij een **webhost**, maak dan verbinding met een **FTP-programma**. De bestanden zijn meestal te vinden in een folder met de naam **public_html** of **www**.

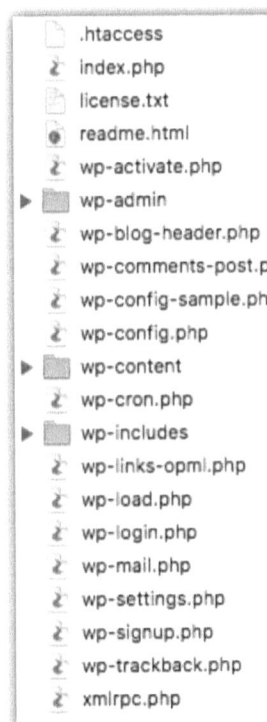

In de folder **wp-site** of **public** krijg je alle kern bestanden en folders te zien.

Het bestand **.htaccess** is niet zichtbaar. Met behulp van een FTP-programma kun je dit bestand (ook op je eigen computer) bekijken. In dat geval moet je gebruik maken van een (FTP) menu-optie: **Show/Hide Invisible Files**.

WordPress bestaat uit 3 hoofdmappen: **wp-admin, wp-content, wp-includes** en een aantal **PHP-bestanden** waarvan de belangrijkste **wp-config.php** en **.htaccess** is. De namen van de bestanden geven aan waarvoor ze gemaakt zijn.

PHP-bestanden

Onderstaand een overzicht van (root) PHP-bestanden met beschrijving.

Bestanden	
.htaccess	De naam van het bestand begint met een punt. Het is geen PHP-bestand maar een configuratiebestand. Hiermee kun je o.a. IP-adressen blokkeren, redirecten, foutmeldingen aanpassen, rewrite engine aanzetten en mappen beveiligen.
index.php	De startpagina van WordPress. Dit bestand doet niets, maar verwijst naar template-bestanden.
license.txt	Het WordPress GPL-licentiebestand.
readme.html	Bevat installatie informatie.
wp-activate.php	Bevestigt de activatiecode die verstuurd is in een e-mail bericht naar een nieuwe gebruiker.
wp-blog-header.php	Laadt de WordPress-omgeving en template in.
wp-comments-post.php	Behandelt commentaar-berichten en voorkomt het dupliceren hiervan.
wp-config-sample.php	Een voorbeeldbestand van wp-config.php.
wp-config.php	Een bestand dat wordt gebruikt tijdens de installatie en bevat de configuratiegegevens voor MySQL, Secret Keys, Database table prefix en ABSPATH (Absolute Path).
wp-cron.php	Een bestand dat wordt gebruikt voor het controleren van o.a theme & plugin updates en het publiceren van geplande berichten.
wp-links-opml.php	Een bestand dat gebruikt wordt om koppelingen (links) van een blog naar een andere blog te exporteren.

Bestanden	
wp-load.php	Een opstart-bestand voor het instellen van de AB-SPATH (Absolute Path), het laden van het bestand wp-config.php, dat vervolgens het bestand wp-settings.php inlaad en daarna de WordPress omgeving instelt.
wp-login.php	Behandelt verificatie, registratie, wachtwoord resetten en wachtwoord vergeten.
wp-mail.php	Een bestand dat wordt gebruikt voor het verkrijgen van blogberichten die via e-mail zijn verzonden. De URL van dit bestand wordt meestal toegevoegd aan een cron-job (Geautomatiseerd proces), zodat het regelmatig wordt opgehaald en nieuwe berichten via e-mail worden geaccepteerd.
wp-settings.php	Een bestand dat wordt gebruikt voor algemene Variabelen, Classes en Procedures.
wp-signup.php	Een bestand waarmee mensen zich kunnen aanmelden bij een blog-site.
wp-trackback.php	Een bestand waarmee Trackbacks en Pingbacks verzonden worden naar WordPress.
xmlrpc.php	Een communicatiemiddel (API) van WordPress. Met behulp van dit bestand kunnen externe applicaties b.v. een mobiele app berichten plaatsen op een website.

wp-admin folder

Deze folder bevat beheerbestanden. Deze zorgen onder andere voor een verbinding met de database, tonen het Dashboard en voeren een aantal sleutelfuncties uit, zoals een installatieprocedure en het beheren van gebruikers, media, enzovoort.

De naamgeving van de PHP-bestanden geeft aan waarvoor ze bedoeld zijn. Het is aan te bevelen om deze bestanden niet aan te passen. Na een update worden wijzigingen hersteld.

wp-content folder

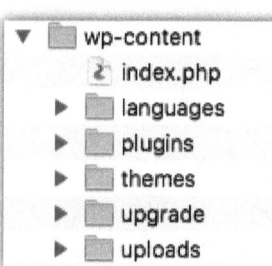

In deze folder vind je één PHP-bestand en een aantal submappen zoals "languages", "plugins", "themes" en "uploads" (afbeeldingen). Bestanden met inhoud, zoals media, plugins, thema's en taalbestanden die later worden toegevoegd, zijn te vinden in een van deze mappen.

Hieronder zie je een overzicht:

Bestanden	
index.php	Dit bestand zorgt ervoor dat de onderliggende mappenstructuur niet te zien is voor nieuwsgierige bezoekers.
languages folder	In deze folder vindt je de geselecteerde taalbestanden voor het systeem, plugins en thema's.

Bestanden	
plugins folder	Plugins die wordt toevoegt aan het systeem wordt in deze folder opgenomen. De inhoud daarvan varieert. Basis plugins zoals Akismet en Hello Dolly zijn al aanwezig.
themes-folder	Deze folder bestaat uit een aantal basis thema's (templates). Elke theme die later wordt geïnstalleerd is hier te vinden.
upgrade folder	WordPress upgrade bestanden worden in deze folder opgeslagen. Na een succesvolle upgrade worden deze bestanden automatisch verwijdert.
uploads folder	In deze folder zijn alle media bestanden te vinden. Deze bestanden worden in een bepaalde folderstructuur opgeslagen uitgaande van een gekozen dashboard instellingen. Meestal is dit per jaar > maand.

wp-includes

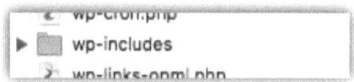

Deze folder kun je zien als de motor van WordPress. Hier zijn de meeste kernbestanden te vinden, waaronder certificaten, lettertypen, javascript, widgets en nog veel meer. Het is aan te bevelen om deze bestanden niet aan te passen, omdat wijzigingen na een systeemupdate hersteld zullen worden.

Welke PHP-bestanden mag ik aanpassen?

Als je wijzigingen wilt aanbrengen in WordPress, gebeurt dit meestal met bestanden in de hoofdmap, zoals het bestand **wp-config.php** en in de **wp-content** folder, vooral in de subfolders **themes** en **plugins**.

Het is aan te bevelen om de bestanden in de **wp-admin** en **wp-includes** folders niet te wijzigen. Deze bevatten belangrijke kernbestanden die ervoor zorgen dat WordPress up-to-date, veilig en betrouwbaar is.

Na een systeemupdate worden wijzigingen in deze folders hersteld, dus het is belangrijk om buiten deze folders te werken.

Theme hiërarchie

In de folder **wp-content > themes** vind je een aantal standaard thema's. Heb je vanuit het Dashboard een nieuw thema toegevoegd, dan is dit in de folder **themes** te vinden.

Het komt vaak voor dat binnen een gekozen thema een gebruiker iets wil veranderen. In vele gevallen is datgene wat ze willen veranderen niet als thema-optie aanwezig. Dit betekent dat een thema onder de motorkap aangepast moet worden. Het is daarom handig om alvast een kijkje te nemen in de opbouw van een thema en uit welke bestanden deze bestaat.

```
 index.php
▶  twentyfifteen
▼  twentyseventeen
      404.php
      archive.php
   ▶  assets
      comments.php
      footer.php
      front-page.php
      functions.php
      header.php
   ▶  inc
      index.php
      page.php
      README.txt
      rtl.css
      screenshot.png
      search.php
      searchform.php
      sidebar.php
      single.php
      style.css
   ▶  template-parts
▶  twentysixteen
```

Een thema kan bestaan uit primaire bestanden, maar ook uit een uitgebreide collectie van secundaire thema-bestanden. De complexiteit en functionaliteit bepalen het aantal bestanden. De naamgeving geeft meestal aan waarvoor het bestand is gemaakt.

Een WordPress-thema bestaat op zijn minst uit één stylesheet (verplicht), één screenshot.png en verschillende PHP-bestanden. Dit is meestal een combinatie van PHP- en HTML-tags.

Een WordPress-site begint altijd met een standaard startpagina genaamd index.php. Op basis van een bezoekerskeuze wordt bepaald welke andere PHP-bestanden ingezet worden om vervolgpagina's te genereren.

Een template-overzicht (zie volgende pagina) en uitleg is op dit adres te vinden: *https://wphierarchy.com*.

VISUALIZE THE WORDPRESS TEMPLATE HIERARCHY
with ♥ from WPSHOUT

Author Archive	author-$nicename.php	author-$id.php			author.php	archive.php
Category Archive	category-$slug.php	$category-$id.php			category.php	
Custom Post Type Archive					archive-$posttype.php	
Custom Taxonomy Archive	taxonomy-$term.php	taxonomy-$taxonomy.php			taxonomy.php	
Date Archive					date.php	
	Year Archive					
	Month Archive					
	Day Archive					
Tag Archive	tag-$slug.php	tag-$id.php			tag.php	
Attachment Post	$mimetype-$subtype.php	$subtype.php	$mimetype.php		attachment.php	single.php
Custom Post		If selected: $custom.php	single-$posttype-$slug.php		single-$posttype.php	
Blog Post		If selected: $custom.php			single-post.php	
Page Template	Custom Template	$custom.php				page.php
	Default Template		page-$slug.php		page-$id.php	
Shown On Front						home.php

Theme-bestanden zijn verantwoordelijk voor de opbouw van diverse website-onderdelen. **header.php** zorgt voor head- en header-informatie. Dit bevat het documenttype, meta-informatie, links naar stylesheets en scripts en andere gegevens. De header bevat het zichtbare gedeelte van een website, zoals de titel, header-afbeelding en navigatie. De bestanden **sidebar.php** en **footer.php** doen iets soortgelijks. De bestandsnaam geeft een site-onderdeel aan.

De startpagina (index.php) laadt een sjabloon in op basis van de bezoekerskeuze. Content wordt bepaald door het post-type van het bestand. Een blogpagina toont een overzicht van diverse artikelen. Kiest een bezoeker voor een individueel artikel, dan wordt het gehele bericht (single.php) vertoond. De templatehiërarchie bepaalt welke theme-bestanden nodig zijn voor het genereren van een webpagina. Een webpagina is dus een combinatie van verschillende theme-bestanden.

Basis theme-bestanden

In de folder **wp-content > themes** zijn een aantal thema's te zien: twentytwentyone, twentytwenty, twentynineteen en twentyseventeen. Wat opvalt is dat de directory structuur min of meer hetzelfde is. De één bevat iets meer bestanden dan de ander. Een ander theme bevat meer subfolders. Er is sprake van een algemene structuur.
Zie: *https://developer.wordpress.org/themes/basics/template-files*.

Onderstaand zie je een overzicht en beschrijving van een aantal standaard PHP-bestanden in een theme folder.

Bestanden	
index.php	Startbestand. **Verplicht** in alle thema's. Voegt alle benodigde theme-bestanden samen zoals header.php, content.php, sidebar.php en footer.php.
style.css	De belangrijkste stylesheet. **Verplicht** in alle thema's. Het belangrijkste stijlbestand. Daarnaast bevat dit bestand ook theme-informatie.
header.php	Dit bestand bevat de HEAD, HEADER en NAVIGATIE scripts.
sidebar.php	De sidebar wordt aangestuurd vanuit dit bestand. De inhoud van de sidebar widgets wordt opgezet vanuit het dashboard.
footer.php	Dit bestand bevat FOOTER-scripts en kan ook HTML-tags bevatten.
single.php	Dit bestand zorgt ervoor dat een individueel bericht (post) in zijn geheel wordt vertoond. Dit bestand lijkt veel op index.php met uitzondering dat The Loop is vervangen door een ander script.

Bestanden	
content.php	In dit bestand zit een script verwerkt genaamd The Loop. Dit stelt vast welke content (berichten of pagina's) vertoond moet worden. The Loop haalt zijn informatie uit de database. De content van de site wordt bepaald door de eindgebruiker.
functions.php	**Verplicht** in alle thema's. Dit bestand is nodig voor de werking van bepaalde functies in themebestanden. Met dit bestand is het bijvoorbeeld mogelijk om een eigen menu samen te stellen en een sidebar te (de)activeren.
404.php	Met dit bestand kun je een Error-pagina voorzien van extra site informatie en functies. Deze pagina krijgt een bezoeker te zien wanneer een verkeerde URL is ingevoerd. Dit bestand lijkt veel op index.php met uitzondering dat The Loop is vervangen door een ander script. Voor meer informatie: https://codex.wordpress.org/Creating_an_Error_404_Page.
rtl.css	Stylesheet dat wordt toegepast als de website taal van rechts naar links is.
comments.php	Pagina welke gebruikt wordt als reactie is geleverd door lezers.
front-page.php	Statische voorpagina welke wordt toegepast nadat deze is ingesteld in: Dashboard > Instellingen > Lezen.
home.php	Maakt men geen gebruik van een statische voorpagina dan wordt dit bestand gebruikt om alle berichten te vertonen.
page.php	Pagina voor afzonderlijke (custom) pagina's.

Bestanden	
category.php	Pagina die wordt vertoond nadat een bezoeker heeft gekozen voor een categorie.
tag.php	Pagina die wordt vertoond nadat een bezoeker heeft gekozen voor een tag.
taxonomy.php	Pagina die wordt vertoond na een specifieke zoekactie.
author.php	Auteur pagina.
date.php	Datum en tijd pagina.
archive.php	Archief pagina.
search.php	Zoekresultaten pagina.
attachment.php	Attachment pagina voor het vertonen van attachments zoals een afbeelding, pdf of andere media files.
image.php	Een specifieke versie van attachment.php wordt gebruikt bij het bekijken van een enkele afbeelding.

In andere thema's vind je folders zoals **template-parts** met daarin secundaire theme-bestanden.

Folder **assets** met daarin de folder **js** met javascript bestanden.
En de folder **css** met extra stijlen.

De folder **inc** bevat toegevoegde PHP-functies.

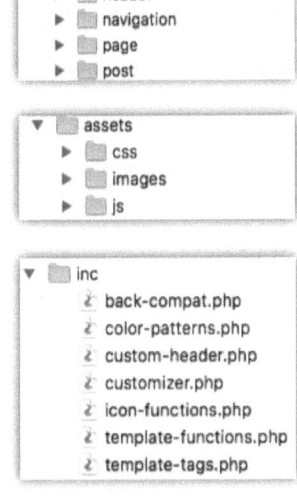

Theme bestand

In **wp-content > themes > twentyseventeen > index.php** zie je onder andere verwijzingen naar andere theme-bestanden. Hiermee wordt een PHP-bestand toegevoegd (inclusief) aan het hoofdbestand.

Hieronder staan een aantal PHP-codes die dit doen:
- **get_header()** verwijst naar header.php.
- **get_template_part()** verwijst naar een extra theme-bestand.
- **get_sidebar()** verwijst naar sidebar.php.
- **get_footer()** verwijst naar footer.php.

Hier zie je ook code met een verwijzing naar een custom theme-bestand **content.php**. Dit bestand is te vinden in de map **template-parts**.

Door gebruik te maken van template-tags kun je op een efficiënte manier codes (PHP-bestanden) toevoegen aan een hoofdbestand, zodat dit dynamisch een HTML-pagina kan genereren. Het voordeel hiervan is dat een pagina niet overvol staat met codes. De tags in template-bestanden maken deze methode overzichtelijk. Het is daarmee eenvoudig om codes te vinden en aan te passen. Je kunt met template-tags theme-bestanden aanmaken of wijzigen.

Het is niet aanbevolen om PHP-codes direct aan te passen in een bestaand theme. Na een theme-update worden namelijk alle wijzigingen hersteld. Om dit te voorkomen, is het aan te bevelen om een Child theme te maken van het originele theme.

In het hoofdstuk **Child theme** leer je hoe je een Child theme kunt maken en wijzigingen kunt aanbrengen.

```php
get_header(); ?>

<div class="wrap">
    <?php if ( is_home() && ! is_front_page() ) : ?>
        <header class="page-header">
            <h1 class="page-title"><?php single_post_title(); ?></h1>
        </header>
    <?php else : ?>
    <header class="page-header">
        <h2 class="page-title"><?php _e( 'Posts', 'twentyseventeen' ); ?></h2>
    </header>
    <?php endif; ?>

    <div id="primary" class="content-area">
        <main id="main" class="site-main" role="main">

            <?php
            if ( have_posts() ) :

                // Start the Loop.
                while ( have_posts() ) :
                    the_post();

                    /*
                     * Include the Post-Format-specific template for the content.
                     * If you want to override this in a child theme, then include a fi
                     * called content-___.php (where ___ is the Post Format name) and t
                     * will be used instead.
                     */
                    get_template_part( 'template-parts/post/content', get_post_format()

                endwhile;

                the_posts_pagination(
                    array(
                        'prev_text'          => twentyseventeen_get_svg( array( 'icon'
                            left' ) ) . '<span class="screen-reader-text">' . __( 'Previc
                            'twentyseventeen' ) . '</span>',
                        'next_text'          => '<span class="screen-reader-text">' . _
                            'twentyseventeen' ) . '</span>' . twentyseventeen_get_svg( ar
                            'arrow-right' ) ),
                        'before_page_number' => '<span class="meta-nav screen-reader-te
                            'twentyseventeen' ) . ' </span>',
                    )
                );

            else :

                get_template_part( 'template-parts/post/content', 'none' );

            endif;
            ?>

        </main><!-- #main -->
    </div><!-- #primary -->
    <?php get_sidebar(); ?>
</div><!-- .wrap -->

<?php
get_footer();
```

WORDPRESS - Onder De Motorkap

INTRODUCTIE PHP

Nu je wat meer inzicht hebt gekregen in de structuur van WordPress, is het tijd voor een PHP-introductie. PHP is een van de meest populaire programmeertalen, bedacht in 1994 door Rasmus Lerdorf, een Canadese softwareontwikkelaar bij IBM. De eerste versie bestond uit een aantal CGI-scripts om zijn persoonlijke website te onderhouden. Aanvankelijk stonden de letters PHP voor **P**ersonal **H**ome **P**age Tools.

Vanaf juni 1995 werd de source code vrijgegeven. Vele webdevelopers hebben dit opgepikt en doorontwikkeld.

" *There was never any intent to write a programming language.*
I have absolutely no idea how to write a programming language, I just kept adding the next logical step on the way. "

Rasmus Lerdorf.

Sinds versie 3.0 is de betekenis van PHP veranderd en staat het nu voor Hypertext Preprocessor. De naam geeft aan waar de taal voor wordt gebruikt, namelijk het verwerken van informatie tot hypertext.

PHP is een **server-side script-taal**, die vanuit een webserver dynamische webpagina's kan generen. Dit proces is voor een gebruiker niet zichtbaar. Het **eindresultaat** is een **HTML-pagina** in een internet-browser.

PHP wordt vaak in combinatie met een relationele database gebruikt. De meest gebruikte relationele database voor PHP is **MySQL**.

Om gebruik te maken van PHP is de Zend Engine nodig, een PHP-vertaler. Zend Engine is een programma dat is geschreven door twee ontwikkelaars van het PHP Development Team. Het is open source en is op de meeste webservers geïnstalleerd.

zend engine

De voordelen van PHP zijn:
- Het is open-source software.
- Het is zeer populair en miljoenen websites maken er gebruik van.
- Het wordt toegepast in web development.
- Het kan worden verwerkt in HTML-documenten.
- Het wordt door veel CMS-systemen gebruikt.
- Het is eenvoudig te leren.
- Er is brede ondersteuning beschikbaar.

PHP 7

PHP 7 is sinds 2015 de laatste versie die is uitgebracht.
Het bevat een groot aantal verbeteringen:

- Is sneller geworden.
- Gebruikt minder geheugen.
- Verbeterde foutafhandeling.
- De laatste versie van WordPress werkt met versie 7.4 en hoger.

Syntax PHP

In WordPress herken je PHP-bestanden met behulp van de extensie **.php**. PHP-script kan ook verwerkt worden in een HTML-document. De PHP-pre-processor kan alleen code verwerken wanneer dit voorzien is van een PHP start tag **<?php** en afsluitende tag **?>**. In WordPress theme bestanden is voornamelijk PHP-code verwerkt in HTML-documenten.

Een voorbeeld van PHP-code:

```php
<?php
    echo "Hello, World!";
?>
```

Een voorbeeld van PHP-code verwerkt in een HTML-document:

```php
<!DOCTYPE html>
<html <?php language_attributes(); ?>>

<head>
<meta charset="<?php bloginfo( 'charset' ); ?>" />
<title><?php bloginfo( 'name' ); ?></title>
</head>
```

Een voorbeeld van een HTML-code verwerkt in een PHP-document:

```php
<?php if ( '' !== get_the_post_thumbnail() && ! is_single() ) : ?>
    <div class="post-thumbnail">
        <a href="<?php the_permalink(); ?>">
            <?php the_post_thumbnail( 'twentyseventeen-featured-image' ); ?>
        </a>
    </div><!-- .post-thumbnail -->
<?php endif; ?>
```

In het hoofdstuk WordPress PHP krijg je meer uitleg over de meest voorkomende PHP-scripts die in dit systeem worden gebruikt.

INTRODUCTIE MYSQL

WordPress gebruikt een relationele database voor het opslaan van data. De database die hiervoor wordt gebruikt is een MySQL database, een open source managementsysteem. SQL, **S**tructured **Q**uery **L**anguage is de taal dat wordt gebruikt om de database te beheren. MySQL wordt gebruikt voor diverse internettoepassingen zoals b.v. een CMS, webshop, forums en gastenboeken. Het kan gebruikt worden op diverse besturingssystemen zoals b.v. Mac of Windows. Omdat MySQL een programma is met diverse doeleinden, wordt dit gebruikt op de meeste webservers.

WordPress gebruikt MySQL om alle data op te slaan zoals instellingen, berichten, pagina's, gebruikersprofielen, afbeeldingen, etcetera. Plugins en thema's maken gebruik van dezelfde database. WordPress gebruikt PHP- en SQL-queries om data in de database op te slaan of op te vragen.

Een bekend MySQL-interface is phpMyAdmin. Wil je de database van je WordPress-site bekijken ga dan naar phpMyAdmin.

Ga naar de **MAMP** startpagina.
Vanuit **Tools > phpMyAdmin** kun je de interface opstarten.

Ga naar **LOCAL Sites**.
Selecteer **wp-site > DATABASE - OPEN ADMINER**.

Heb je een website op een webserver, log dan in op het Control Panel van je webhost. Zoek vervolgens naar phpMyAdmin. Hiervoor heb je inloggegevens nodig.

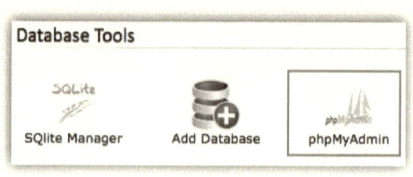

Nadat de phpMyAdmin-interface in een browservenster is geladen, selecteer je vanuit de linkerzijde de betreffende WordPress-installatie (**wpsite**). In de meeste gevallen krijg je maar één database te zien. Met behulp van deze interface kun je data beheren, zoals het wijzigen, repareren, aanpassen of zelfs optimaliseren.

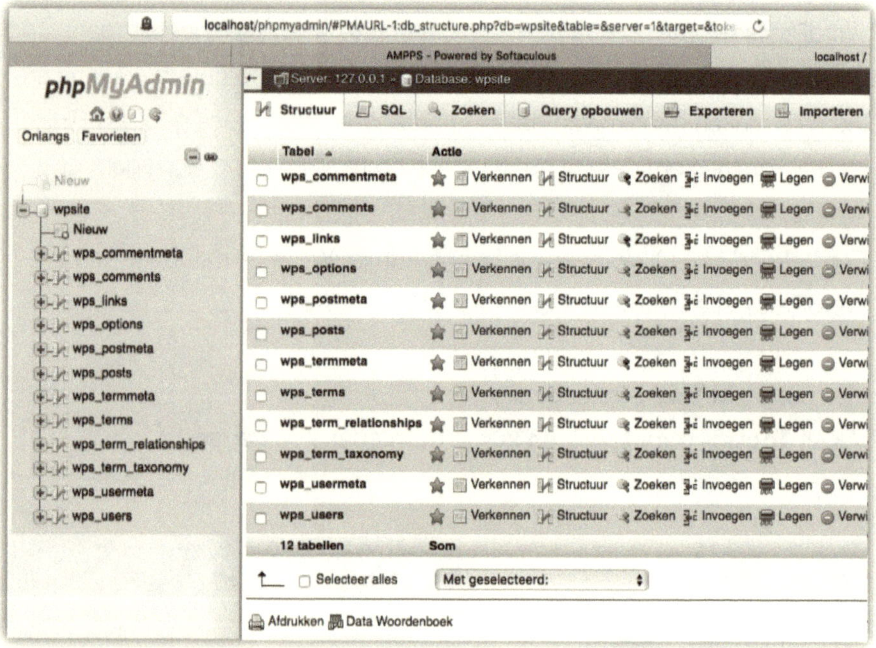

Een WordPress database bestaat uit 12 tabellen.
Elke tabel begint met een tabel prefix. In het voorbeeld is dit **wps_** .
Op de volgende pagina zie je wat de functies zijn.

Tabellen	
wps_comments	Commentaar van gepubliceerde, voorstel-, wachtrij- en spam-reacties.
wps_commentmeta	De metagegevens van commentaar van gepubliceerde, voorstel-, wachtrij- en spam-reacties.
wps_links	Koppelingen ingevoerd in de dashboard-optie links. Is deprecated (verouderd), niet meer van toepassing.
wps_options	Systeem configuratie inclusief gegevens over thema's, plugins en widgets.
wps_posts	Alle content van posts, pagina's en custom post types.
wps_postmeta	De metagegevens van posts en pagina's.
wps_terms	De categorieën voor posts, links en tags.
wps_termmeta	De meta-gegevens van posts en pagina's.
wps_term_relationships	Relationele verbanden van posts, links, categorieën en tags.
wps_term_taxonomy	Een indeling voor een categorie, link of tag in de tabel wp_terms_table.
wps_users	Gebruikersgegevens zoals gebruikersnaam, wachtwoord en e-mail-adres.
wps_usermeta	Meta-gegevens van gebruikers.

Met meta-gegevens bedoelen we extra gegevens zoals de auteur, categorie en aanmaak- of bewerkingsdatum van content.

Meer informatie over het beheren van deze gegevens, evenals andere aspecten van de database, vind je in het hoofdstuk Database Beheren.

THE LOOP

Een bekende WordPress Query is ongetwijfeld "The Loop". Dit stukje code zorgt ervoor dat een standaard homepage een aantal blogberichten laat zien. Op een homepage is meestal de eerste alinea van een bericht zichtbaar. Deze optie is in te stellen vanuit de tekstverwerker. Als een alinea op de homepage voorzien is van een "Lees meer"-link, dan geeft dit toegang tot het volledige artikel.

```php
<?php if ( have_posts() ) : ?>

    <?php if ( is_home() && ! is_front_page() ) : ?>
        <header>
            <h1 class="page-title screen-reader-text"><?php single_post_t
        </header>
    <?php endif; ?>

    <?php
    // Start the loop.
    while ( have_posts() ) : the_post();

        /*
         * Include the Post-Format-specific template for the content.
         * If you want to override this in a child theme, then include a
         * called content-___.php (where ___ is the Post Format name) and
         */
        get_template_part( 'content', get_post_format() );

    // End the loop.
    endwhile;

    // Previous/next page navigation.
    the_posts_pagination( array(
        'prev_text'          => __( 'Previous page', 'twentyfifteen' ),
        'next_text'          => __( 'Next page', 'twentyfifteen' ),
        'before_page_number' => '<span class="meta-nav screen-reader-text
    ) );

// If no content, include the "No posts found" template.
else :
    get_template_part( 'content', 'none' );

endif;
?>
```

Het is mogelijk om de standaard Loop te wijzigen:

- Verschillende categorieën van berichten weergeven.
- Het aantal berichten verminderen of verhogen.
- Auteur, datum en categorie vermelding verwijderen/toevoegen.

In het hoofdstuk WP_QUERY lees je meer over The Loop code en hoe je deze kunt aanpassen.

WORDPRESS - Onder De Motorkap

WP-CONFIG.PHP

Dit bestand is te vinden in de hoofd-root van
iedere WordPress installatie. Het bevat informatie
over de basisinstellingen van de website zoals een
database verbinding, beveiligingssleutel, database
tabel prefix en een absolute pad naar de
WordPress directory.

Deze basisinstellingen mag je aanpassen.
Dit gebeurt bijvoorbeeld in het geval van een
site-migratie, het veranderen van je tabel prefix
of wanneer je gebruik wil maken van een andere
upload folder.

Daarnaast zijn er nog extra configuratie-opties
waarmee je het systeem kunt uitbreiden zoals het
aanmaken van een netwerk (multi) site.

De volgorde waarin de instellingen zijn opgemaakt is belangrijk.
Het veranderen van de volgorde kan ervoor zorgen dat het systeem foutmeldingen vertoond.

Aanpassingen die in dit bestand zijn toegepast, blijven na een versie update ongewijzigd. Oude instellingen worden hiermee vervangen. Het is daarom aan te bevelen om eerst een kopie van dit bestand te maken, voordat je het bestand gaat aanpassen. Is er na een wijziging een fout gemaakt dan kan gebruik worden gemaakt van een vorige versie.
Op de volgende pagina's zie je een overzicht van wp-config opties.

WORDPRESS - Onder De Motorkap

```php
<?php
/**
 * The base configuration for WordPress
 *
 * The wp-config.php creation script uses this file during the
 * installation. You don't have to use the web site, you can
 * copy this file to "wp-config.php" and fill in the values.
 *
 * This file contains the following configurations:
 *
 * * MySQL settings
 * * Secret keys
 * * Database table prefix
 * * ABSPATH
 *
 * @link https://codex.wordpress.org/Editing_wp-config.php
 *
 * @package WordPress
 */

// ** MySQL settings - You can get this info from your web host ** //
/** The name of the database for WordPress */
define('DB_NAME', 'wpsite');

/** MySQL database username */
define('DB_USER', 'wpsite');

/** MySQL database password */
define('DB_PASSWORD', '25S[5Psmt]');

/** MySQL hostname */
define('DB_HOST', 'localhost');

/** Database Charset to use in creating database tables. */
define('DB_CHARSET', 'utf8mb4');

/** The Database Collate type. Don't change this if in doubt. */
define('DB_COLLATE', '');

/**#@+
 * Authentication Unique Keys and Salts.
 *
 * Change these to different unique phrases!
 * You can generate these using the {@link https://api.wordpress.org/secret-key/1.1/salt/ WordPress.org secret-key service}
 * You can change these at any point in time to invalidate all existing cookies. This will force all users to have to log in aga
 *
 * @since 2.6.0
 */
define('AUTH_KEY',         '9wbrty02xqseu11igjrcvclcvutc5mqyblsgcvpgjnxovxwqhnhplwssngbiwyo2');
define('SECURE_AUTH_KEY',  'bu62fwiceywol3dal9qhhfmlrso1dlwufw2dqxwio4jhtcfbsstbllrtzrttouik');
define('LOGGED_IN_KEY',    'u1qro0f0sumghsojxyayboj9ay5hfcq8cpcbb7hnnbfgqiqkyfcqfbxhhldxtekq');
define('NONCE_KEY',        '3bk76lgnam0rgbztrzrzw67jehmfgsqywgjghfmab5naq3c1a6npv7trfuxeoypc');
define('AUTH_SALT',        'tqxwc9ve1qxv2jomr7pw8fohklfdiilolbjkrlxqifv9cmrq806qndme6agbp7g1');
define('SECURE_AUTH_SALT', 'xpqtb177wfmzlipfnx4dtrpxcoaysjen0ezoapbekfshecb4hzk0vtd9rtgld2xi');
define('LOGGED_IN_SALT',   '7rq36vwbtgetpqeznj3gxq28bpsixccu84g9q5gji5so7sjwr1wy3bcrtejm0r8a');
define('NONCE_SALT',       '4g10qisetruioodumitdghxk07hlwdrxgdjpuf8hkqxf3jclfgtnlyxyaasyvazk');

/**#@-*/

/**
 * WordPress Database Table prefix.
 *
 * You can have multiple installations in one database if you give each
 * a unique prefix. Only numbers, letters, and underscores please!
 */
$table_prefix = 'wps_';

/**
 * For developers: WordPress debugging mode.
 *
 * Change this to true to enable the display of notices during development.
 * It is strongly recommended that plugin and theme developers use WP_DEBUG
 * in their development environments.
 *
 * For information on other constants that can be used for debugging,
 * visit the Codex.
 *
 * @link https://codex.wordpress.org/Debugging_in_WordPress
 */
define('WP_DEBUG', false);

/* That's all, stop editing! Happy blogging. */

/** Absolute path to the WordPress directory. */
if ( !defined('ABSPATH') )
    define('ABSPATH', dirname(__FILE__) . '/');

/** Sets up WordPress vars and included files. */
require_once(ABSPATH . 'wp-settings.php');
```

MySQL settings

In dit gedeelte zijn de database instellingen opgenomen. Na een site-migratie kan het voorkomen, dat er gebruik wordt gemaakt van een nieuwe database. In dat geval kun je hier de gegevens aanpassen.

```
// ** MySQL settings - You can get this info from your web ho
/** The name of the database for WordPress */
define('DB_NAME', 'wpsite');

/** MySQL database username */
define('DB_USER', 'wpsite');

/** MySQL database password */
define('DB_PASSWORD', '25S[5Psmt]');

/** MySQL hostname */
define('DB_HOST', 'localhost');

/** Database Charset to use in creating database tables. */
define('DB_CHARSET', 'utf8mb4');

/** The Database Collate type. Don't change this if in doubt.
define('DB_COLLATE', '');
```

Hieronder zie je een overzicht van de database instellingen.

MySQL database instellingen	
DB_NAME	Naam van de database; in dit geval wpsite. Na een (handmatige) site-migratie verander je de naam van de database.
DB_USER	Gebruikersnaam van de database. In dit geval wpsite. Na een site-migratie verander je de gebruikersnaam van de database.
DB_PASSWORD	Wachtwoord van de database; In dit geval 25S[5Psmt]. Na een site-migratie verander je het wachtwoord van de database.

```
31   /** MySQL hostname */
32   define('DB_HOST', 'localhost');
33
34   /** Database Charset to use in creating database tables. */
35   define('DB_CHARSET', 'utf8mb4');
36
37   /** The Database Collate type. Don't change this if in doubt.
38   define('DB_COLLATE', '');
```

MySQL database instellingen	
DB_HOST	Host-naam van de database. De database wordt vaak op hetzelfde IP-adres gehost vandaar localhost. Afhankelijk van je webhost kan dit adres anders zijn b.v. mysql.site.nl:4454.
DB_CHARSET	Database karakterset utf8mb4. Unicode UTF-8, West Europa. In de meeste gevallen blijft dit onveranderd.
DB_COLLATE	Database sorteer optie. In de meeste gevallen blijft dit onveranderd. De waarde '' leeglaten.

Keys & Salts

Om een WordPress-site nog veiliger te maken, is het advies om de 'Keys' (beveiligingssleutels) en 'Salts' (random data) regelmatig te wijzigen.

Deze geheime beveiligingssleutels zorgen ervoor dat de encryptie van informatie, opgeslagen in cookies, verbeterd wordt. De sleutels zijn willekeurig, lang, ingewikkeld en haast onmogelijk te breken.

```
* Authentication Unique Keys and Salts.
*
* Change these to different unique phrases!
* You can generate these using the {@link https://api.wordpress.org/secre
* You can change these at any point in time to invalidate all existing co
*
* @since 2.6.0
*/
define('AUTH_KEY',         '9wbrty02xqseu11igjrcvclcvutc5mqyblsgcvpgjnxovx
define('SECURE_AUTH_KEY',  'bu62fwiceywol3dal9qhhfmlrso1dlwufw2dqxwio4jhtc
define('LOGGED_IN_KEY',    'u1qro0f0sumghsojxyayboj9ay5hfcq8cpcbb7hnnbfgqi
define('NONCE_KEY',        '3bk76lgnam0rgbztrzrzw67jehmfgsqywgjghfmab5naq3
define('AUTH_SALT',        'tqxwc9ve1qxv2jomr7pw8fohklfdiilolbjkrlxqifv9cm
define('SECURE_AUTH_SALT', 'xpqtb177wfmzl1pfnx4dtrpxcoaysjen0ezoapbekfshec
define('LOGGED_IN_SALT',   '7rq36vwbtgetpqeznj3gxq28bpsixccu84g9q5gji5so7s
define('NONCE_SALT',       '4g10qisetruioodumitdghxk07hlwdrxgdjpuf8hkqxf3j
```

WordPress slaat authenticatie-codes op in cookies, onderdelen zoals de gebruikersnaam en wachtwoord. Er is één cookie voor het WordPressdashboard en één cookie voor de rest van de website. Het bepaald of je o.a wel of niet bent ingelogd.

Er zijn in totaal 4 Keys en 4 Salts. Een Key heeft een Salt nodig voor authenticatie. Beiden zorgen voor een extra beveiligingslaag.

Unieke Keys & Salts	
AUTH_KEY	Beveiligingssleutel voor een betere encryptie van informatie opgeslagen in cookies van een gebruiker.
AUTH_SALT	Correspondeert met **AUTH_KEY**.

Unieke Keys & Salts	
SECURE_AUTH_KEY	Beveiligingssleutel voor een betere encryptie van informatie opgeslagen in cookies van een gebruiker.
SECURE_AUTH_SALT	Correspondeert met **SECURE_AUTH_KEY**.
LOGGED_IN_KEY	Beveiligingssleutel voor een betere encryptie van informatie opgeslagen in cookies van een gebruiker.
LOGGED_IN_SALT	Correspondeert met **LOGGED_IN_KEY**.
NONCE_KEY	Beveiligingssleutel voor een betere encryptie van informatie opgeslagen in cookies van een gebruiker.
NONCE_SALT	Correspondeert met **NONCE_KEY**.

Het advies is om de secret keys regelmatig te vervangen. Dit mag je zelf doen, in dat geval maak het willekeurig, lang en ingewikkeld.

Kun je zelf niets verzinnen, dan heeft WordPress daar een site voor. Ga naar WordPress Secret Key Generator:
https://api.wordpress.org/secret-key/1.1/salt.

Vanuit deze site zie je willekeurig gegenereerde sleutels.
Kopieer de tekst en vervang alle Keys en Salts in wp-config.php.

Database Table Prefix

Een prefix is een identificatiemerk dat wordt gebruikt in de database.
Elk van deze tabellen begint met een prefix die tijdens het installatie-proces wordt aangemaakt. Het wordt aangeraden om een eigen prefix te bedenken met alleen karakters en nummers, afgesloten met een underscore_.

```
* WordPress Database Table prefix.
*
* You can have multiple installations in one database i
* a unique prefix. Only numbers, letters, and underscor
*/
$table_prefix = 'wps_';
```

Als je meerdere WordPress-sites wilt koppelen aan één database, is het raadzaam om voor elke website een unieke prefix te gebruiken. Dit maakt het gemakkelijker om de juiste gegevens te vinden.

Boven: afbeelding van tabellen met de prefix **wps_**.

Tabel Prefix	
$table_prefix	In dit geval is dit **wps_**. Na een site migratie kan het voorkomen dat de prefix aangepast moet worden.

Absolute Path

Deze configuratie in wp-config.php bepaalt het absolute pad naar de WordPress-directory op de server. Het is belangrijk dat dit pad correct is ingesteld, omdat WordPress hiermee kan bepalen waar bestanden zich bevinden en hoe ze kunnen worden aangesproken.

```
84   /** Absolute path to the WordPress directory. */
85   if ( !defined('ABSPATH') )
86       define('ABSPATH', dirname(__FILE__) . '/');
87
88   /** Sets up WordPress vars and included files. */
89   require_once(ABSPATH . 'wp-settings.php');
90
```

Het advies is inderdaad om dit pad zo te laten, tenzij je specifieke redenen hebt om het te wijzigen. Als je het pad wijzigt, moet je er namelijk voor zorgen dat alle bestanden en mappen op de juiste plek staan en dat alle relatieve paden in thema's en plugins nog kloppen.

Absolute Path	
ABSPATH	Absolute pad in een WordPress folder. Hoofdroot: foldernaam en `'/'`
wp-settings.php	Bevat variabelen en verwijzingen naar benodigde documenten.

Het bestand **wp-settings.php** wordt gebruikt om de instellingen van WordPress te laden en het initialisatie-proces te starten.

Dit bestand maakt onder andere gebruik van het absolute pad dat is gedefinieerd in **wp-config.php**.

WORDPRESS - Onder De Motorkap

EXTRA WP-CONFIG OPTIES

Het bestand *wp-config.php* bevat standaard instellingen. Het is mogelijk om het aantal configuratie-opties uit te breiden. Hiermee is het mogelijk om bijvoorbeeld een andere upload-folder te creëren, een multisite op te zetten of het systeem nog beter te beveiligen indien dit nodig is. In dit hoofdstuk laat ik een aantal praktische aanvullende opties zien.

Voordat we een aantal regels aan dit document toevoegen, is het handig om te weten dat alle extra instellingen voor het commentaar:

```
82    /* That's all, stop editing! Happy blogging. */
```

moeten worden geplaatst.

De volgorde waarin de instellingen zijn opgemaakt is belangrijk!
Het veranderen van de volgorde kan ervoor zorgen dat het systeem foutmeldingen vertoond. Zorg ervoor dat je eerst een kopie van het bestand maakt.

Op de volgende pagina's laat ik een aantal praktische 'advanced' opties zien. Wil je meer weten over *wp-config.php*, ga dan naar:
https://codex.wordpress.org/Editing_wp-config.php.

Site & Home adres

WordPress is inmiddels een zeer populair systeem, geliefd door gebruikers maar helaas ook door hackers. Het is daarom aan te bevelen om folders te verplaatsen binnen je hoofdroot. Uiteraard moet dan wel in het bestand wp-config.php aangegeven worden waar deze zich bevinden.

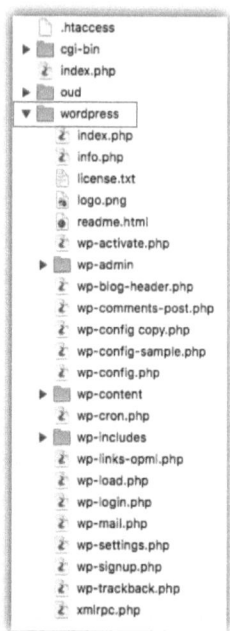

Nadat je met behulp van een FTP-programma een WordPress-site hebt verplaatst, bijvoorbeeld naar een folder met de naam **wordpress** (zie afbeelding rechts), dan kun je met behulp van extra opties de URL's aanpassen.

Met **Site Adres** wordt aangegeven waar de kernbestanden staan. Het adres moet beginnen met **https://** en mag niet eindigen met een forward slash **/**. Met deze waarde (URL) wordt de **Site Adres (URL)** van de database overschreven. In wp-config.php plaats je vóór `/* That's all, stop editing! Happy blogging. */` de onderstaande regel.

```
define('WP_SITEURL', 'http://www.wjac.nl/wordpress');
```

In het voorbeeld is de website opgeslagen in een folder met de naam **wordpress**.

Adres (URL)	
WP_SITEURL	Geeft aan waar de kernbestanden staan. Site-URL is bv. `http://www.site.nl/wordpress`. Let op: Niet eindigen met een '/'.

De **Site Adres** mag anders zijn dan een **Home Adres**.

Met **Site home adres** wordt aangegeven welk **Adres** vertoond moet worden in de adresbalk van een browser. Dit adres moet **https://** bevatten en mag niet eindigen met een **/** (forward slash). Met deze waarde (URL) wordt de **Home Adres (URL)** in de database overschreven. In het bestand wp-config.php plaats je voor `/* That's all,` ... de onderstaande regel:

```
define('WP_HOME', 'http://www.wjac.nl');
/* That's all, stop editing! Happy blogging. */
```

Adres home	
WP_HOME	Toont URL in een adresbalk van een browser. Site-URL is bv. `https://www.site.nl`. Let op: Niet eindigen met een '/'.

Laatste stap bij een gehele site-verplaatsing.
Laat het bestand **.htacces** in de hoofdroot. Dupliceer **index.php** en plaats dit in de hoofdroot. Open index.php (hoofdroot) en pas het volgende aan:

```
/** Loads the WordPress Environment and Template */
require( dirname( __FILE__ ) . '/wp-blog-header.php' );
```

'/wp-blog-header.php' wordt **'/wordpress/wp-blog-header.php'**.

```
/** Loads the WordPress Environment and Template */
require( dirname( __FILE__ ) . '/wordpress/wp-blog-header.php' );
```

Dit document verwijst naar het bestand wp-blogheader.php in de folder *wordpress*.

Folder structuur en url

In plaats van een hele WordPress installatie in een map te plaatsen, is het mogelijk om een WordPress-folderstructuur anders in te delen.

Je kunt er voor kiezen om:
- De folder **wp-content** in een folder te plaatsen.
- De folders **plugins** of **uploads** in een subfolder te plaatsen.

Het is helaas niet mogelijk om vanuit wp-config.php de **themes-folder** in een subdirectory te plaatsen. In de volgende hoofdstukken zie je een aantal voorbeelden.

wp-content in een nieuwe folder plaatsen

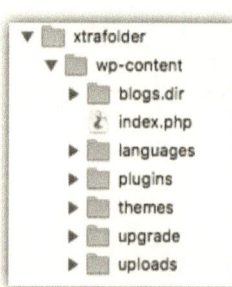

Ga naar je WordPress-site en plaats de folder **wp-content** in een nieuwe folder met b.v. de naam **xtrafolder**.

In wp-config.php plaats je voor /* That's all, ... de volgende regels.

```
define( 'WP_CONTENT_DIR', dirname(__FILE__) . '/xtrafolder/wp-content' );
define( 'WP_CONTENT_URL', 'http://wjac.nl/xtrafolder/wp-content' );

/* That's all, stop editing! Happy blogging. */
```

Content	
WP_CONTENT_DIR	Geeft het relatieve pad aan van de folder wp-content.
WP_CONTENT_URL	Geeft de URL aan van de folder wp-content.

Plugins & uploads in een nieuwe folder plaatsen

Ga naar je WordPress-site en plaats de folder **plugins** en **uploads** in een nieuwe folder met b.v. de naam **xtrafolder**.

- ▼ 📁 wp-content
  - ▶ 📁 blogs.dir
  - 📄 index.php
  - ▶ 📁 languages
  - ▶ 📁 themes
  - ▶ 📁 upgrade
  - ▼ 📁 xtrafolder
    - ▶ 📁 plugins
    - ▶ 📁 uploads

In wp-config.php plaats je voor:
/* That's all, ... de volgende regels:

```
define( 'WP_PLUGIN_DIR', dirname(__FILE__) . '/wp-content/xtrafolder/plugins' );
define( 'WP_PLUGIN_URL', 'http://www.wjac.nl/wp-content/xtrafolder/plugins' );

/* That's all, stop editing! Happy blogging. */
```

Adres plugin	
WP_PLUGIN_DIR	Geeft het relatieve pad aan van de folder plugins.
WP_PLUGIN_URL	Geeft de URL aan van de folder plugins.

```
    define( 'UPLOADS', 'wp-content/xtrafolder/uploads' );

    /* That's all, stop editing! Happy blogging. */
```

Adres uploads	
UPLOADS	Geeft het relatieve pad aan van de folder uploads. Let op: het pad is relatief t.o.v. **ABSPATH** en mag niet eindigen met een **'/'**.

Multi-site netwerksite

Met een Multisite kun je een Netwerk van WordPress Sites maken. Oftewel verschillende WordPress-sites beheerd vanuit 1 centraal systeem. Een leuke bijkomstigheid is dat het upgraden van het systeem, thema's of plugins meteen voor alle verbonden sites geldt. Met de onderstaande code heb je een Multisite geactiveerd. In wp-config.php plaats je voor
/* That's all, ... de volgende regel:

```
/* Multisite */
define( 'WP_ALLOW_MULTISITE', true );

/* That's all, stop editing! Happy blogging. */
```

Multisite	
WP_ALLOW_MULTISITE	true, hiermee is een multisite geactiveerd.

Doorloop daarna de volgende stappen om een multisite "*een Network van WordPress Sites*" te configureren:

1. Ga naar **Dashboard > Plugins** en deactiveer alle plugins.
2. Ga naar **Dashboard > Extra > Netwerk instellen**.

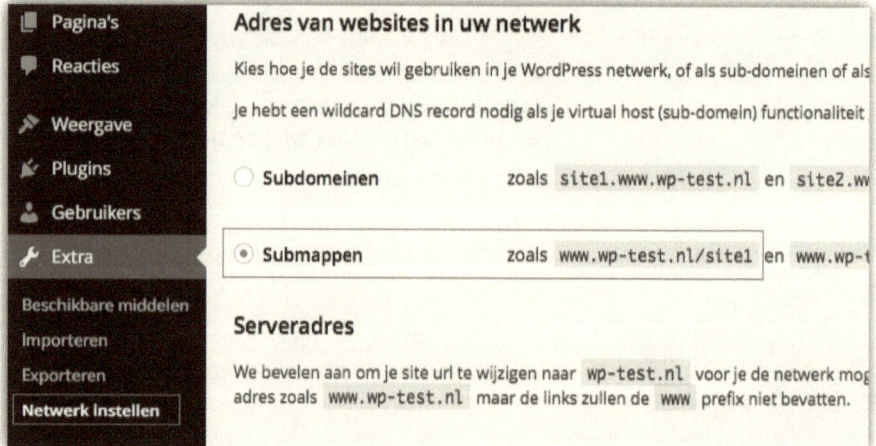

Bij **Adres van websites in uw netwerk**:
Kies voor **Submappen** (voor subdomeinen heb je host-gegevens nodig).
Bij **Netwerktitel**: Geef je netwerk een naam.
Bij **Netwerkbeheerder e-mailadres**: Jouw e-mail adres.

Klik daarna op de knop **Installeren**.

Op het volgende scherm zie je **code** die je nodig hebt om toe te voegen aan je **wp-config.php** en **.htaccess *** bestand.

* Gebruik een FTP-programma om dit bestand te bewerken.
Let op: maak eerst een backup van de aangegeven bestanden.

Kopieer en plak de code in de bestanden. In het scherm staat precies aangegeven waar en in welk document je de code kan toevoegen.

Netwerk instellen

De originele configuratie stappen worden hier weergegeven als referentie.

1. Voeg het volgende toe aan het `wp-config.php` bestand in `/home/wjacwno142/domains/wp-oefensite.nl/public_html/` boven `stop met bewerken! Veel plezier met bloggen. */` :

```
define('MULTISITE', true);
define('SUBDOMAIN_INSTALL', false);
define('DOMAIN_CURRENT_SITE', 'www.wp-oefensite.nl');
define('PATH_CURRENT_SITE', '/');
define('SITE_ID_CURRENT_SITE', 1);
define('BLOG_ID_CURRENT_SITE', 1);
```

2. Het volgende toevoegen aan je `.htaccess` bestand in `/home/wjacwno142/domains/wp-oefensite.nl/public_html/`

```
RewriteEngine On
RewriteBase /
RewriteRule ^index\.php$ - [L]

# uploaded files
RewriteRule ^([_0-9a-zA-Z-]+/)?files/(.+) wp-includes/ms-files.php?file=$2 [L]

# add a trailing slash to /wp-admin
RewriteRule ^([_0-9a-zA-Z-]+/)?wp-admin$ $1wp-admin/ [R=301,L]

RewriteCond %{REQUEST_FILENAME} -f [OR]
RewriteCond %{REQUEST_FILENAME} -d
RewriteRule ^ - [L]
RewriteRule ^([_0-9a-zA-Z-]+/)?(wp-(content|admin|includes).*) $2 [L]
RewriteRule ^([_0-9a-zA-Z-]+/)?(.*\.php)$ $2 [L]
RewriteRule . index.php [L]
```

In **wp-config.php** plaats je voor /* That's all, ... de volgende regels:

```
/* Multisite */
define( 'WP_ALLOW_MULTISITE', true );
/** toegevoegd aan wp-config.php */
define('MULTISITE', true);
define('SUBDOMAIN_INSTALL', false);
define('DOMAIN_CURRENT_SITE', 'www.wp-test.nl');
define('PATH_CURRENT_SITE', '/');
define('SITE_ID_CURRENT_SITE', 1);
define('BLOG_ID_CURRENT_SITE', 1);
/* That's all, stop editing! Happy blogging. */
```

Code in **.htaccess** toevoegen tussen:
<IfModule mod_rewrite.c>
en
</IfModule>

```
<IfModule mod_rewrite.c>

RewriteEngine On
RewriteBase /
RewriteRule ^index\.php$ - [L]

# uploaded files
RewriteRule ^([_0-9a-zA-Z-]+/)?files/(.+) wp-includes/ms-files.php?file=$2 [L]

# add a trailing slash to /wp-admin
RewriteRule ^([_0-9a-zA-Z-]+/)?wp-admin$ $1wp-admin/ [R=301,L]

RewriteCond %{REQUEST_FILENAME} -f [OR]
RewriteCond %{REQUEST_FILENAME} -d
RewriteRule ^ - [L]
RewriteRule ^([_0-9a-zA-Z-]+/)?(wp-(content|admin|includes).*) $2 [L]
RewriteRule ^([_0-9a-zA-Z-]+/)?(.*\.php)$ $2 [L]
RewriteRule . index.php [L]

</IfModule>
```

Het netwerk is geactiveerd en geconfigureerd.
Je mag **opnieuw inloggen**.

Content

In wp-config.php kun je bericht-revisies laten automatiseren.

Plaats voor /* That's all, ... de volgende regels:

```
/* autosave in seconds */
define( 'AUTOSAVE_INTERVAL', 160 );
/* disable post revisions on or off */
define( 'WP_POST_REVISIONS', false );
/* limit the maximum number of revisions */
define( 'WP_POST_REVISIONS', 10 );
/* trashed posts, pages, attachments and comments for x days */
define( 'EMPTY_TRASH_DAYS', 10 );
```

Met deze instellingen kun je een autosave tijdsduur instellen, dit proces aan- of uitzetten, het aantal revisies aangeven en revisies in de prullenmand na een aantal dagen verwijderen.

Revisies	
AUTOSAVE_INTERVAL	Tijdsuur in secondes.
WP_POST_REVISIONS	Aan of uit, true of false.
WP_POST_REVISIONS	Het aantal revisies die het moet onthouden.
EMPTY_TRASH_DAYS	Prullenmand legen na een x aantal dagen.

Extra beveiligen

Om het voor hackers moeilijk te maken mag je de folderstructuur anders inrichten. Er zijn nog extra opties die je kunt gebruiken. Het is b.v mogelijk om de **Dashboard > Weergave > Editor** uit te schakelen.

Open **wp-config.php** en plaats voor `/* That's all, ...` de volgende regel:

```
define( 'DISALLOW_FILE_EDIT', true );
/* That's all, stop editing! Happy blogging. */
```

Extra beveiliging

`DISALLOW_FILE_EDIT`   `true`, hiermee is editor gedeactiveerd.

Let op: Het kan voorkomen dat een aantal plugins niet goed werken na het uitzetten van deze optie.

Beveiligen van wp-config.php

Zoals je inmiddels hebt gelezen, is wp-config.php een zeer belangrijk bestand dat vol zit met instellingen. Het is aan te bevelen om dit bestand extra te beveiligen.

Dit kan door het bestand .htaccess te openen en de onderstaande code hieraan toe te voegen:

```
# beveiligen van wp-config.php
<Files wp-config.php>
    Order Allow,Deny
    Deny from all
</Files>
```

Deze code zorgt ervoor dat het bestand niet toegankelijk is voor onbevoegden. Uiteraard heb je via een FTP-programma wel toegang nodig tot dit document. Voor de duidelijkheid, dit stukje code is geen PHP.

In dit boek heb ik slechts een aantal extra praktische instellingen laten zien. Wil je meer weten over wat er allemaal in dit document opgenomen kan worden, ga dan naar de WordPress Codex:
https://codex.wordpress.org/Editing_wp-config.php.

DEBUGGING

In het hoofdstuk WP-CONFIG.PHP is uitleg gegeven over een aantal standaard opties. De standaard optie WP_DEBUG is nog niet behandeld. Omdat we nu meer richting PHP-code gaan, is het raadzaam om gebruik te maken van dit onderdeel. Wil je een systeem onder de motorkap aanpassen, dan is het handig om WP_DEBUG te activeren.

```
 * For developers: WordPress debugging mode.
 *
 * Change this to true to enable the display of notices during devel
 * It is strongly recommended that plugin and theme developers use W
 * in their development environments.
 *
 * For information on other constants that can be used for debugging
 * visit the Codex.
 *
 * @link https://codex.wordpress.org/Debugging_in_WordPress
 */
define('WP_DEBUG', false);

/* That's all, stop editing! Happy blogging. */
```

Ga op zoek naar **define('WP_DEBUG', false);**
en verander **false** naar **true**.

Debugging mode	
WP_DEBUG	Debugging staat standaard op **false**. verander dit naar **true** om te activeren.

Nadat de optie **WP_DEBUG** is geactiveerd, worden fouten (errors) vertoond in de browser. Hiermee is het eenvoudig om fouten in kern-, thema- of plugin-bestanden op te sporen en aan te passen.

Dit is een handige optie als je bezig bent met het ontwikkelen van een site.

> **PLUK DE DAG**
>
> Home   Over ons   Blog   Contact
>
> **Parse error**: syntax error, unexpected ')' in **/Applications/AMPPS/www/wp-site/wp-content/themes/twentyseventeen-child01/template-parts/page/content-sidebar.php** on line **30**

Ben je bezig met het aanpassen van een site? Zorg er dan voor dat dit niet toegankelijk is voor het publiek. Maak gebruik van een "under construction" plugin of werk met een schaduw-site (kopie) in LOCAL of MAMP.

Heb je een live site die toegankelijk is voor het publiek, dan wil je geen foutmeldingen in je browser zien. Bezoekers zien dit namelijk ook. Wil je wel op de hoogte blijven van foutmeldingen zonder dat bezoekers dit zien, dan zijn er nog twee andere opties die je kunt toepassen. Plaats de onderstaande codes onder WP_DEBUG nog voor /* That's all, … .

```
define('WP_DEBUG', false);
define( 'WP_DEBUG_DISPLAY', false );
define( 'WP_DEBUG_LOG', true );
```

WP_DEBUG_DISPLAY

Een handige instelling als je aan een live site werkt. Met deze instelling worden foutmeldingen niet in de browser vertoond.

Debugging mode	
WP_DEBUG_DISPLAY	Bij `false` zijn foutmeldingen niet zichtbaar. Bij `true` zijn foutmeldingen zichtbaar.

WP_DEBUG_LOG

Alle foutmeldingen worden in een logbestand opgeslagen. Dit is te vinden in de directory: wp-site/wp-content/debug.log. Het bestand is te benaderen via een FTP-programma of via je www folder van LOCAL of MAMP.

Debugging mode	
WP_DEBUG_LOG	Foutmeldingen worden bijgehouden in het bestand *debug.log* deze zijn te vinden in de folder wp-content van de website.

Ben je bezig met het ontwikkelen en aanpassen van diverse bestanden dan is het handig om van deze methode gebruik te maken.

WORDPRESS - Onder De Motorkap

DEBUGGING PLUGINS

Er zijn een aantal debugging plugins beschikbaar die je kunnen helpen bij het ontwikkelen van een website. In dit hoofdstuk worden een aantal handige debug-plugins besproken die elke developer nodig heeft.

Alle plugins zijn te vinden in de plugin-directory van WordPress. Vanuit deze website wordt voldoende uitleg gegeven over hoe je deze kunt installeren en toepassen.

Query Monitor

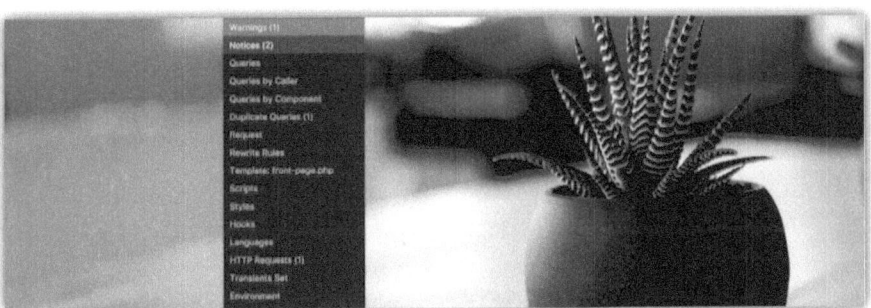

Deze plugin beschikt over een aantal functies die niet beschikbaar zijn in andere debug-plugins, zoals het debuggen van AJAX-calls, REST API-requests, redirects en de mogelijkheid om de output te filteren op basis van een theme of plugin.

Je kunt de plugin vinden op: *https://wordpress.org/plugins/query-monitor*.

Debug Bar

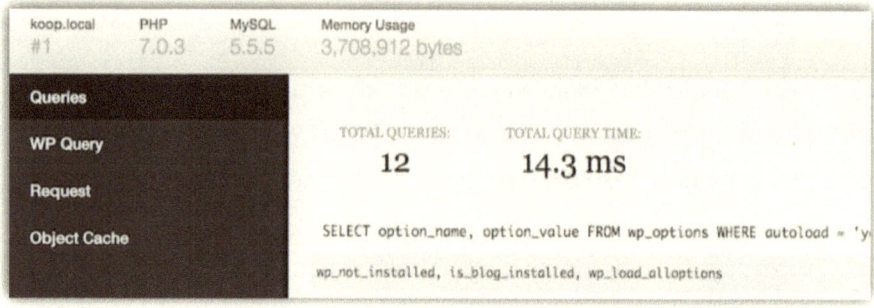

Deze plugin voegt een debug-menu toe aan de dashboard admin-balk (rechtsboven). Het toont query-, cache- en andere nuttige debugging informatie. Is **WP_DEBUG** ingeschakeld, dan worden PHP-waarschuwingen en -meldingen bijgehouden.

Site: *https://wordpress.org/plugins/debug-bar*.

Debug Bar Slow Actions

Deze plugin geeft een overzicht van de top 100 traagste queries tijdens het laden van een pagina. Het helpt bij het vinden van knelpunten in thema's en plugins. Deze plugin werkt samen met de **Debug Bar** plugin.

Site: *https://wordpress.org/plugins/debug-bar-slow-actions*.

Log Deprecated Notices

Deze plugin registreert het gebruik van verouderde code. Het identificeert waar verouderde functies worden gebruikt en biedt een alternatief aan (indien beschikbaar). **WP_DEBUG** is niet nodig, hoewel het gebruik ervan wordt aanbevolen. Verouderde code die normaal gesproken door **WP_DEBUG** wordt vertoond, wordt in een logbestand opgeslagen

Site: *https://wordpress.org/plugins/log-deprecated-notices*.

Theme switcher

Dit is geen debugging plugin. Met deze plugin is het niet meer nodig om vanuit het dashboard te wisselen van thema. Heb je iets aangepast in een Child theme en wil je dit snel vergelijken met het originele thema, maak dan gebruik van **Theme Switcha**. De themawisselaar is na activatie in de admin-balk aan de voorkant van de website te zien.

BEN JE KLAAR MET DEBUGGING, VERGEET DAN NIET DE OPTIES EN PLUGINS UIT TE ZETTEN !!!

WORDPRESS - Onder De Motorkap

CHILD THEME

De meeste PHP-aanpassingen worden vaak toegepast in een theme. Wil je een aangepaste theme beschermen tegen updates, dan is het aan te bevelen om te werken met een Child Theme. Doe je dit niet, dan is de kans groot dat aangepaste theme-bestanden na een update worden overschreven. Een Child Theme is een kopie van het originele (Parent) theme, zonder dat alle theme-bestanden zijn gedupliceerd.

Voordelen van een Child Theme:
- Je kan hiervoor elk theme gebruiken.
- Het maakt gebruik van een Parent Theme.
- Het wordt niet overschreven na een theme-update.
- Het maakt gebruik van theme-updates via het Parent-theme.
- Het overschrijft het Parent Theme-bestand niet.
- Het kan voorzien worden van extra functionaliteit.
- Het kan verschillen van het Parent Theme.
- Het kan worden voorzien van sjabloon- en patroonbestanden.
- De folderstructuur is overzichtelijk en bestaat uit aangepaste bestanden.

In dit hoofdstuk gaan we een Child Theme maken. Dit theme gaan we later gebruiken om in verschillende PHP-bestanden aangepaste codes toe te voegen. De gebruikte bestanden zijn in dit theme snel te vinden. Je maakt hiermee een soort van bibliotheek. De toegepaste codes kun je later in andere thema's gebruiken.

Een Child Theme kan theme-bestanden bevatten die het parent-bestand overschrijven. Nieuwe of aangepaste PHP-functies/codes worden in het child theme-bestand **functions.php** opgenomen.

Child theme maken

In dit hoofdstuk gaan we een Child Theme maken van het klassieke theme **Twenty Seventeen**. Als het theme niet aanwezig is, installeer en activeer het dan eerst.

Ga naar **wp-content > themes** met behulp van Finder/Verkenner of een FTP-programma en maak een nieuwe map met de naam **twentyseventeen_child**.

Tip: Onthoud de naam van het oorspronkelijke theme in de **themes**-map. De naam van het theme in het dashboard is **Twenty Seventeen - Child** en de mapnaam moet **twentyseventeen_child** zijn, zonder spaties en met kleine letters.

Een Child Theme heeft twee basisbestanden nodig:
- **functions.php**
- **style.css**

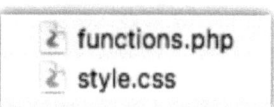

De bestanden zijn te downloaden:

wp-books.com/odm/bestanden
Bestand: **childtheme**

functions.php

Dit bestand begint met een **<?php** start tag. Daarna worden de functies **wp_enqueue_scripts** en **theme_ enqueue_styles** gebruikt.

```php
<?php
add_action( 'wp_enqueue_scripts', 'my_theme_enqueue_styles' );
function my_theme_enqueue_styles() {

    $parent_style = 'parent-style'; // This is 'twentyseventeen-style' for the Twenty Seventeen

    wp_enqueue_style( $parent_style, get_template_directory_uri() . '/style.css' );
    wp_enqueue_style( 'child-style',
        get_stylesheet_directory_uri() . '/style.css',
        array( $parent_style ),
        wp_get_theme()->get('Version')
    );
}
```

Hiermee worden eerst de stijl-eigenschappen van het Parent Theme ingelezen en daarna wordt de child-style ingelezen en toegepast.

style.css

De stylesheet begint met een header commentaar /* ... */.

```
/*
Theme Name:    Twenty Seventeen child
Theme URI:     #
Description:   Child theme for twentyseventeen
Author:        WJAC
Author URI:    http://www.wp-boeken.nl
Template:      twentyseventeen
Version:       1.0
License:       GNU General Public License v2 or later
License URI:   http://www.gnu.org/licenses/gpl-2.0.html
Tags:          one-column, two-columns, right-sidebar, flexible-header, accessib
    colors, custom-header, custom-menu, custom-logo, editor-style, featured-image
    post-formats, rtl-language-support, sticky-post, theme-options, threaded-comme
    ready
Text Domain:   WJAC-child

This theme, like WordPress, is licensed under the GPL.
Use it to make something cool, have fun, and share what you've learned with other

*/
```

Daaronder kunnen extra CSS-stylen opgenomen worden.
Dit gaat pas werken als het Child theme geactiveerd is als hoofd-theme.
Extra CSS is in het download-bestand niet opgenomen.

In een Child Theme is het ook mogelijk om extra PHP functionaliteit op te nemen. Hiervoor gebruik je het bestand functions.php.
Dit gaan we later in dit boek behandelen.

Het Child theme gaan we later in dit boek gebruiken.

Voor meer informatie over Child Themes ga je naar:
https://codex.wordpress.org/Child_Themes.

WORDPRESS - Onder De Motorkap

WORDPRESS IN ACTIE

We gaan kijken naar wat er gebeurt wanneer een WordPress-pagina in een browser wordt geladen. We bekijken de PHP-code en vergelijken dit met de gegenereerde HTML-code.

In deze situatie gaan we uit van een nieuwe WordPress-installatie waarbij de homepage bestaat uit één bericht. Bekijk de homepage van **wp-site**.

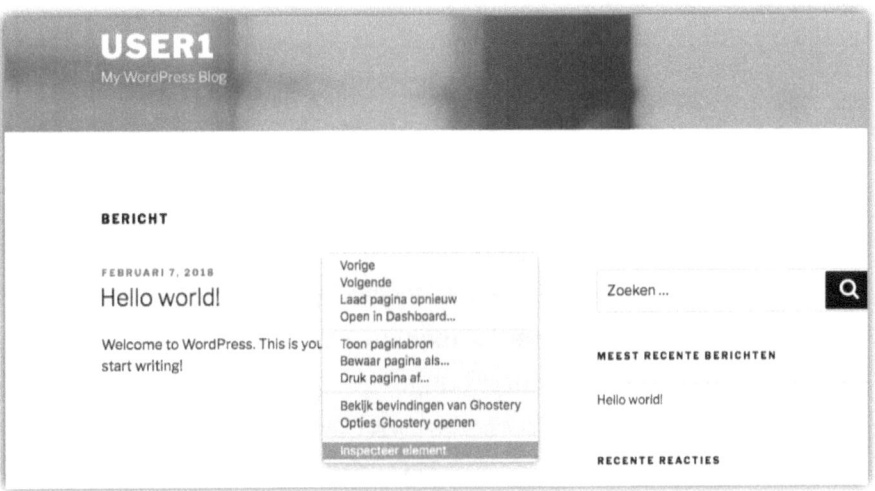

Nadat de homepage (blogpagina) is geladen, gaan we de gegenereerde HTML-code bekijken. Klik met de rechtermuisknop en selecteer **Element inspecteren** (of *Inspecteer element*).

Voor Safari-gebruikers die de optie "Inspecteer element" niet zien, ga naar het hoofdstuk "Developer tools". Het scherm wordt verdeeld in twee delen. In het eerste deel zie je de site en in het tweede deel zie je de HTML-code. We gaan de originele PHP-code en de gegenereerde HTML-code vergelijken.

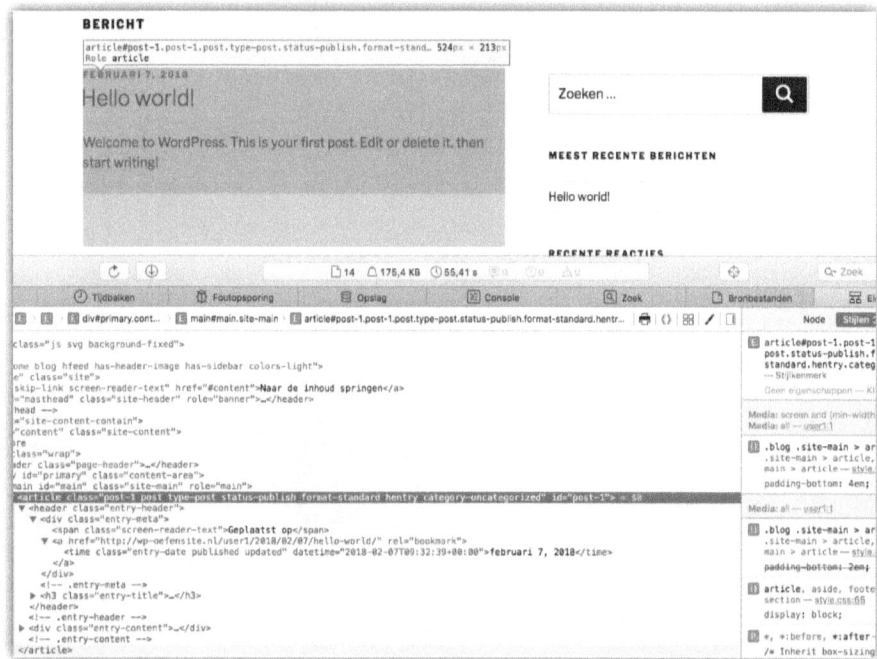

Open **content.php** van het standaard theme Twenty Seventeen.

Dit kun je vinden in: **wp-content > themes > twentyseventeen > template-parts > post > content.php**.

Dit bestand is verantwoordelijk voor het weergeven van de inhoud van bericht(en) in een theme. PHP is eenvoudig te herkennen binnen dit bestand. Het begint namelijk met **<?php** en eindigt met **?>** tussen de PHP-tags bevindt zich PHP-code.

```
<?php
/**
 * Template part for displaying posts
 *
 * @link https://codex.wordpress.org/Template_Hierarchy
 *
 * @package WordPress
 * @subpackage Twenty_Seventeen
 * @since 1.0
 * @version 1.2
 */
?>
```

Bovenaan in **content.php** zie je theme en pagina informatie.

```php
<?php
/**
 * Template part for displaying posts
 *
 * @link https://codex.wordpress.org/Template_Hierarchy
 *
 * @package WordPress
 * @subpackage Twenty_Seventeen
 * @since 1.0
 * @version 1.2
 */

?>

<article id="post-<?php the_ID(); ?>" <?php post_class(); ?>>
    <?php
    if ( is_sticky() && is_home() ) :
        echo twentyseventeen_get_svg( array( 'icon' => 'thumb-tack' ) );
    endif;
    ?>
    <header class="entry-header">
        <?php
        if ( 'post' === get_post_type() ) {
            echo '<div class="entry-meta">';
                if ( is_single() ) {
                    twentyseventeen_posted_on();
                } else {
                    echo twentyseventeen_time_link();
                    twentyseventeen_edit_link();
                };
            echo '</div><!-- .entry-meta -->';
        };

        if ( is_single() ) {
            the_title( '<h1 class="entry-title">', '</h1>' );
        } elseif ( is_front_page() && is_home() ) {
            the_title( '<h3 class="entry-title"><a href="' . esc_url( get_permalink() ) . '" rel="bookmark">', '</a></h3>' );
        } else {
            the_title( '<h2 class="entry-title"><a href="' . esc_url( get_permalink() ) . '" rel="bookmark">', '</a></h2>' );
        }
        ?>
    </header><!-- .entry-header -->

    <?php if ( '' !== get_the_post_thumbnail() && ! is_single() ) : ?>
        <div class="post-thumbnail">
            <a href="<?php the_permalink(); ?>">
                <?php the_post_thumbnail( 'twentyseventeen-featured-image' ); ?>
            </a>
        </div><!-- .post-thumbnail -->
    <?php endif; ?>

    <div class="entry-content">
        <?php
        /* translators: %s: Name of current post */
        the_content( sprintf(
            __( 'Continue reading<span class="screen-reader-text"> "%s"</span>', 'twentyseventeen' ),
            get_the_title()
        ) );

        wp_link_pages( array(
            'before'      => '<div class="page-links">' . __( 'Pages:', 'twentyseventeen' ),
            'after'       => '</div>',
            'link_before' => '<span class="page-number">',
            'link_after'  => '</span>',
        ) );
        ?>
    </div><!-- .entry-content -->

    <?php
    if ( is_single() ) {
        twentyseventeen_entry_footer();
    }
    ?>
</article><!-- #post-## -->
```

Binnen het HTML `<article>` start tag zie je twee PHP-functies, namelijk `the_ID()` en `post_class()`.

```
<article id="post-<?php the_ID(); ?>" <?php post_class(); ?>>
```

In een browser wordt het onderstaande gegenereerd.

```
▼ <article id="post-1" class="post-1 post type-post status-publish
  format-standard hentry category-uncategorized">
```

Het artikel is voorzien van een *ID* en *class attribuut-waarde*.

`the_ID()` genereert een unieke identiteitsnummer: **post-1**.

`post_class()` genereert een unieke attribuut-waarde: **post-1 post**.

Met een class kun je een artikel voorzien van een stijl.

Het maken van een stijlomschrijving gebeurt met een stylesheet.

```
<header class="entry-header">
    <?php
    if ( 'post' === get_post_type() ) {
        echo '<div class="entry-meta">';
            if ( is_single() ) {
                twentyseventeen_posted_on();
            } else {
                echo twentyseventeen_time_link();
                twentyseventeen_edit_link();
            };
        echo '</div><!-- .entry-meta -->';
    };

    if ( is_single() ) {
        the_title( '<h1 class="entry-title">', '</h1>' );
    } elseif ( is_front_page() && is_home() ) {
        the_title( '<h3 class="entry-title"><a href="' . esc_url( get_permalink() ) . '" rel="bookmark">',
            'h3>' );
    } else {
        the_title( '<h2 class="entry-title"><a href="' . esc_url( get_permalink() ) . '" rel="bookmark">',
            'h2>' );
    }
    ?>
</header><!-- .entry-header -->
```

Tussen de `<header>` tags zien we een `if statement` staan.

In een browser wordt het onderstaande gegenereerd:

```
<header class="entry-header">
▼ <div class="entry-meta">
    <span class="screen-reader-text">Geplaatst op</span>
    ▼ <a href="http://wp-oefensite.nl/user1/2018/02/07/hello-world/" rel="bookmark">
        <time class="entry-date published updated" datetime="2018-02-07T09:32:39+00:00">februari 7, 20
    </a>
  </div>
  <!-- .entry-meta -->
▶ <h3 class="entry-title">…</h3>
</header>
<!-- .entry-header -->
```

Het artikel is een onderdeel van een blogpagina (overzichtspagina). Bij meer berichten worden deze boven elkaar vertoond. Met een `if statement` wordt de titel van het bericht een koppeling dat verwijst naar het volledige artikel. Is het volledige artikel ingeladen dan is met `if (is_single())` de titel geen link meer.

Tussen de **<div class="entry-content">** tags zien we de functie **the_content** en **wp_link_pages** staan.

```php
<div class="entry-content">
    <?php
    /* translators: %s: Name of current post */
    the_content( sprintf(
        __( 'Continue reading<span class="screen-reader-text"> "%s"</span>', 'twentyseventeen' ),
        get_the_title()
    ) );

    wp_link_pages( array(
        'before'      => '<div class="page-links">' . __( 'Pages:', 'twentyseventeen' ),
        'after'       => '</div>',
        'link_before' => '<span class="page-number">',
        'link_after'  => '</span>',
    ) );
    ?>
</div><!-- .entry-content -->
```

In een browser wordt het onderstaande gegenereerd:

```
▼ <div class="entry-content"> == $0
    ::before
  ▼ <p>
        "Lorem ipsum dolor sit amet, consectetuer adipiscing elit. Aenean commodo ligula e
        natoque penatibus et magnis dis parturient montes, nascetur ridiculus mus. Donec q
        pellentesque eu, pretium quis, sem. Nulla consequat massa quis enim. Donec pede ju
        vulputate eget, arcu. In enim justo, rhoncus ut, imperdiet a, venenatis vitae, jus
        mollis pretium. Integer tincidunt. "
    </p>
  ▼ <a class="more-link" href="http://127.0.0.1/wp48/2018/02/08/2e-bericht/#more-80">
        ::before
        <span class="screen-reader-text">"2e bericht"</span>
        " verder lezen"
    </a>
    ::after
  </div>
  <!-- .entry-content -->
```

Is er sprake van een **lees verder** link (continue reading) dan wordt er na het bericht een extra link *lees verder* gegenereerd.

Met **wp_link_pages** worden er links gegenereerd wanneer het volledig bericht wordt vertoond, links zoals << *Vorige* of *Volgende* >> bericht.

WORDPRESS - Onder De Motorkap

WORDPRESS PHP

Zoals je in het vorige hoofdstuk hebt gelezen is PHP in WordPress eenvoudig te herkennen. De benaming van codes geeft aan wat ze doen. Daarnaast heb je ook al een `if` statement gezien. Er zijn een aantal WordPress PHP-elementen die je tegenkomt.

Voordat je een PHP-bestand gaat bewerken, is het handig om het volgende te doen:

1. Dupliceer het bestand. Daarna pas je het originele bestand aan. Hiermee kun je altijd gebruik maken van een oorspronkelijke kopie.
2. Breng je wijzigingen aan een Theme, maak dan eerst een Child Theme aan. Hiermee worden wijzigingen na een update veilig gesteld.

WordPress PHP bestaat niet. Net zoals vele andere CMS-systemen bestaat WordPress uit een combinatie van scripttalen zoals PHP, HTML en CSS en JavaScript:

- **PHP**: om dynamische webpagina's te creëren.
- **HTML**: voor een website structuur.
- **CSS**: voor het stylen van een HTML-structuur.
- **JavaScript**: voor dynamiek en interactiviteit zoals b.v. een foto-slider of drag and drop interface.
- **MySQL**: voor het opslaan en opvragen van data.

Kennis van alle benodigde script-talen is niet nodig om WordPress aan te passen. Zodra je weet hoe het systeem werkt en waar informatie te vinden is, kun je al ver komen.

In de komende hoofdstukken volgt een overzicht van PHP-codes die toegepast worden in WordPress.

Wil je meer weten over een bepaalde code of functie dan kun je gebruik maken van de Code Reference van Wordpress.org.

https://developer.wordpress.org/reference.
Voorbeeld: **get_the_title**, **the_id**, **post_class**, **the_content**.

Met behulp van een online PHP-viewer kun je PHP-code testen. Ga naar: **runphponline.com** of **phptester.net**. Of Google naar PHP online.

---

wp-books.com/odm/bestanden
Bestand: **wordpress_php**

PHP in WordPress

In de volgende hoofdstukken worden een aantal vaak toegepaste PHP-codes in theme-bestanden behandeld, waaronder de function.php. Vanuit deze bestanden is het mogelijk om extra onderdelen toe te voegen aan het dashboard, zoals een theme customizer met extra opties. Hierbij kun je denken aan het aanpassen van lettertypes, het wijzigen van linkkleuren en zelfs het aanpassen van de footer-informatie.

De behandelde PHP-onderdelen omvatten onder andere variabelen, arrays, functies, voorwaardelijke statements en meer

Variabele

Een variabele is een container dat informatie bevat. Een variabele begint met een **$** dollarteken gevolgd door een naam. In de meeste gevallen geeft de naam aan waarvoor het bedoeld is. Namen zijn hoofdletter gevoelig, kunnen letters, cijfers en underscores bevatten. Let op: ze mogen niet met een nummer beginnen.

Voorbeeld variabele:

```php
<?php
    $txt = "Hello world!";
    $x = 5;
    $y = 10;
echo "$txt";
echo "<br>";
echo $x + $y;
?>
```

Zoals je hierboven ziet, zijn er drie variabelen gemaakt. Statement **echo** zorgt ervoor dat het resultaat zichtbaar wordt in een browser.

Output Text	Output HTML
Hello world! 15	

Een HTML-element **
** is hierin opgenomen, zodat het resultaat onder elkaar wordt geplaatst. De laatste echo statement zorgt ervoor dat de twee variabelen **$x** en **$y** worden opgeteld.

De waarde van een variabele kan onder andere zijn:
String: stukje tekst, `$txt = 'Hello world!';`
Variabele: variabele in een variabele, `$som = $x + $y;`
Function: instructies, `$color_scheme = get_color();`
Integers: numerieke waarde, `$x = 5;`
Array: waarden gescheiden door een komma, `$land = 'NL', 'D';`

Een variabele kan **Global** of **Local** zijn.
Global = Variabele buiten een function. Werkt alleen **buiten** een function.
Local = Variabele in een function. Werkt alleen **binnen** een function.
In WordPress bestanden zie je voornamelijk local variabelen.

Voorbeeld Global (variabele zonder function):

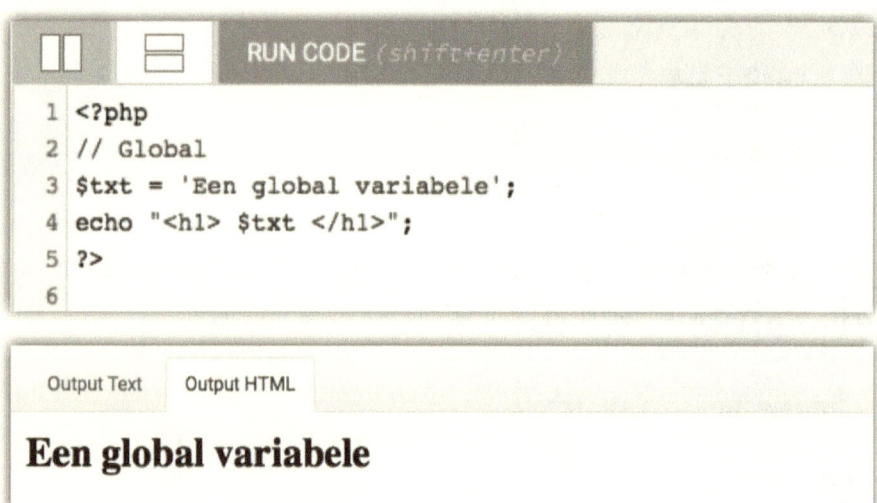

Voorbeeld Local (variabele in een function):

```php
<?php
function myTest()
    {
        $txt = 'Een Local variabele';
        echo "<h1> $txt </h1>";
    }
myTest();
?>
```

Met de statement **myTest();** wordt deze function uitgevoerd en vertoond. Beide variabelen lijken op elkaar.

Het verschil is dat een **Global** variabele alleen werkt **buiten** een function. Een **local** variabele werkt alleen **binnen** een function.

Verder in dit hoofdstuk meer informatie over functions.

Voorbeeld variabele in WordPress - theme-bestand functions.php:

```php
$color_scheme  = twentyfifteen_get_color_scheme();
$default_color = trim( $color_scheme[0], '#' );
```

Array

Een array lijkt veel op een variabele. In dit geval kun je onder één naam verschillende waarden plaatsen. Deze worden gescheiden door een komma. Het resultaat wordt bepaald door een **[** index nr. **]** of **[** tekst **]** tussen vierkante haakjes. Een eenvoudige array ziet er zo uit:

```php
<?php
$land = array( 'Nederland', 'Duitsland', 'Frankrijk', 'Engeland' );
echo $land[3];
?>
```

Het resultaat wordt bepaald door een **[** index nummer **]**. Dit is in het echo statement te zien. Belangrijk: index nummer begint vanaf 0. Nederland = 0. De waarden zijn omvat door `'quotes'` en gescheiden door een komma.

Engeland

Indexed Arrays

In plaats van een index nummer kun je ook gebruik maken van een index (sleutel) tekst. In dat geval ziet het er zo uit:

```php
<?php
// Indexed Arrays
$stad = array(
    'Nederland' => 'Amsterdam',
    'Duitsland' => 'Berlijn',
    'Frankrijk' => 'Parijs',
    'Engeland' => 'Londen',
);

echo $stad['Engeland'];

?>
```

Elke stad krijgt een sleutelnaam **land** toegewezen. Door gebruik te maken van een sleutelwaarde [' **land** '] wordt een stad als resultaat zichtbaar.

Output Text	Output HTML
Londen	

Multi-dimensional arrays

Wil je meer waarden toekennen aan een naam (land) dan kan dat met *arrays in arrays*. Dit wordt vaak toegepast in WordPress functions en thema's. Een multi-dimensional array ziet er zo uit:

```php
<?php
// Arrays in een Arrays
$stad = array(
    'Nederland' => array( 'Amsterdam', 'Nederlands' ),
    'Duitsland' => array( 'Berlijn', 'Duits' ),
    'Frankrijk' => array( 'Parijs', 'Frans' ),
    'Engeland'  => array( 'Londen', 'Engels' ),
);

echo $stad['Nederland'][0];
echo '<br>';
echo $stad['Engeland'][1];
?>
```

Deze waarden krijgen sleutelnamen toegewezen. Door gebruik te maken van een sleutelwaarde ['**land**'] en [**nr.**] wordt het resultaat zichtbaar.

Output Text	Output HTML
Amsterdam Engels	

Voorbeeld arrays in WordPress:

Hieronder zie je een voorbeeld afkomstig uit het bestand function.php van het theme Twenty Fifteen:

```
// This theme uses wp_nav_menu() in two locations.
register_nav_menus( array(
    'primary' => __( 'Primary Menu',       'twentyfifteen' ),
    'social'  => __( 'Social Links Menu',  'twentyfifteen' ),
) );
```

Zoals in het commentaar staat beschreven, gebruikt dit theme twee navigatiemenu locaties.

Functions

Een function is een instructie of een set van instructies die een taak uitvoert. Een function begint altijd met het commando **function**, gevolgd door een unieke beschrijvende naam. Namen kunnen letters, cijfers en underscores bevatten. Ze mogen niet met een nummer beginnen. Syntax:

```php
<?php

// uitleg function

function mijn_function_naam()
    {
    /* Instructies hier */
    };

?>
```

Hieronder een voorbeeld:

```php
<?php

function land_stad()
    {
    echo 'Engeland - Londen';
    };

land_stad();

?>
```

Met de function-naam **land_stad** wordt het resultaat zichtbaar:

```
Output Text    Output HTML

Engeland - Londen
```

We gaan dit eens praktisch toepassen. Het is mogelijk om extra informatie als resultaat te laten zien. Dit gebeurt met arrays in een function. Voorbeeld:

```php
<?php

// uitleg function - arguments

function land_stad( $land = '' ){
  $stad = array(
    'Nederland' => 'Amsterdam',
    'Duitsland' => 'Berlijn',
    'Frankrijk' => 'Parijs',
    'Engeland' => 'Londen'
  );
  echo $land ." - ". $stad[$land] . "<br>";
};

land_stad( 'Nederland' );
land_stad( 'Duitsland' );
land_stad( 'Frankrijk' );
?>
```

Na een function-naam (*land_stad*) wordt een variabele met de naam **$land = ''** zonder waarde ingevoerd. Array landnaam bepaald de stadsnaam. Met een **echo** statement wordt bepaald hoe het resultaat eruit komt te zien. In dit geval wordt eerst het **land, koppelteken, stad** en een **
** gebruikt. Met *echo* zorgt een punt "**.**" ervoor dat de output naast elkaar komt te staan. Een *function naam* met parameter (land) zorgt voor het resultaat:

Output Text | **Output HTML**

Nederland - Amsterdam
Duitsland - Berlijn
Frankrijk - Parijs

Function met parameters

Zoals je op de vorige pagina hebt kunnen zien, kan een function-naam ook parameters bevatten. Deze worden gebruikt in de functie. Voorbeeld:

```php
<?php
function familie_naam($v_naam) {
    echo "$v_naam Sahupala.<br>";
}

familie_naam("Roy");
familie_naam("Iris");
familie_naam("Ebbo");
?>
```

De variabele (**$v_naam**) is een parameter van de functie *familie_naam*.

Output Text	Output HTML
Roy Sahupala. Iris Sahupala. Ebbo Sahupala.	

Door een nieuwe parameter (voornaam) toe te voegen na een function statement, worden deze als output weergegeven.

In WordPress wordt veel gebruik gemaakt van *functions* met *parameters*. Dit is te zien in o.a. variabelen, functions en arrays. Voorbeeld:

```
function twentyfifteen_widgets_init() {
    register_sidebar( array(
        'name'          => __( 'Widget Area', 'twentyfifteen' ),
        'id'            => 'sidebar-1',
        'description'   => __( 'Add widgets here to appear in your sidebar.', 'twentyfifteen' ),
        'before_widget' => '<aside id="%1$s" class="widget %2$s">',
        'after_widget'  => '</aside>',
        'before_title'  => '<h2 class="widget-title">',
        'after_title'   => '</h2>',
    ) );
}
```

Conditional statements

Als een bepaalde conditie waar is (true), gebeurt er iets. Als dit niet het geval is (false) gebeurt er iets anders. Je kan doorgaan met het toevoegen van andere condities zo vaak als nodig is.

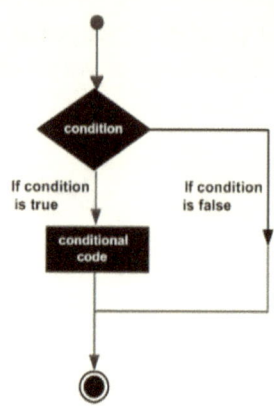

In dit voorbeeld definiëren we eerst een variabele, daarna voegen we een Conditional Statement toe. Voorbeeld:

```php
<?php
$var = 3;

if ($var > 2)
    {
    echo "goed zo!";
    }
    else
    {
    echo "probeer het nog een keer";
    }

?>
```

if - else statement voert een code uit als een uitspraak goed is (**if**) en een andere code (**else**) als de uitspraak fout is. In het bovenstaande geval is de variabele groter dan 2. Het eindresultaat:

Output Text | Output HTML

goed zo!

In WordPress zijn er situaties waarin er meerdere statements zijn. In dat geval wordt er gebruik gemaakt van een **if - elseif** statement.

In de onderstaande situatie wordt het resultaat bepaald door de tijd (date). Zoals je ziet, is eerst een variabele tijd aangemaakt. Hierin is gebruik gemaakt van een standaard PHP-Date Function. De variabele genereert de tijd. Afhankelijk van het tijdstip (verschillende statements) wordt met **if - elseif** statements een boodschap weergegeven.

```php
1  <?php
2  $tijd = date("H:i:s");
3  echo $tijd . '<br>';
4
5  if ($tijd < 6) {
6      echo "Goede Morgen";
7  } elseif ($tijd < 18) {
8      echo "Goede Middag";
9  } elseif ($tijd < 24) {
10     echo "Goede Avond";
11 }
12
13 ?>
```

Het eindresultaat afhankelijk van het tijdstip:

Output Text	Output HTML
14:37:09 Goede Middag	

If - Elseif - Else

Met deze constructie wordt, uitgaande van de variabele een code uitgevoerd. Met **if** wordt de eerste conditie bekeken, met **elseif** de tweede en derde. Is het geen van beiden dan wordt een **else** conditie uitgevoerd.

```php
<?php
/* php date function uur - min - sec*/
$tijd = date("H:i:s");
echo "Vandaag is het $tijd";
echo '<br>';

if (date("H") < 6)
{
echo('Goede Nacht');
}
elseif (date("H") < 12)
{
echo('Goede Morgen');
}
elseif (date("H") < 18)
{
echo('Goede Middag');
}
else
{
echo('Goede Avond');
}

?>
```

Het resultaat uitgaande van het tijdstip:

Output Text | Output HTML

Vandaag is het 23:28:58
Goede Avond

Voorbeeld conditional statement in WordPress:

```
<header class="entry-header">
    <?php
    if ( 'post' === get_post_type() ) {
        echo '<div class="entry-meta">';
            if ( is_single() ) {
                twentyseventeen_posted_on();
            } else {
                echo twentyseventeen_time_link();
                twentyseventeen_edit_link();
            };
        echo '</div><!-- .entry-meta -->';
    };

    if ( is_single() ) {
        the_title( '<h1 class="entry-title">', '</h1>' );
    } elseif ( is_front_page() && is_home() ) {
        the_title( '<h3 class="entry-title"><a href="' . esc_url( get_permalink() ) . '
        h3>' );
    } else {
        the_title( '<h2 class="entry-title"><a href="' . esc_url( get_permalink() ) . '
        h2>' );
    }
    ?>
</header><!-- .entry-header -->
```

Dit bestand is verantwoordelijk voor het weergeven van de inhoud van berichten in het theme. Met een **if statement** wordt de titel van het bericht een koppeling, welke verwijst naar het volledige artikel.

Is het volledige artikel ingeladen dan is met **if (is_single())** de titel geen link meer.

Loop

Een loop is een stuk code dat zich herhaalt totdat aan een bepaalde voorwaarde is voldaan.

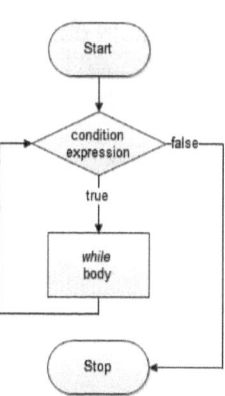

In dit voorbeeld definiëren we eerst een variabele. Daarna wordt een loop gemaakt. Hiermee wordt bepaald dat als de variabele kleiner is dan 5, dit in de output moet worden weergegeven. Vervolgens wordt de variabele met 1 verhoogd. Dit proces wordt herhaald totdat de variabele de waarde 5 heeft bereikt.
Voorbeeld:

```php
<?php
$x = 1;

while($x <= 5) {
    echo "nummer $x <br>";
    $x++;
}
?>
```

Het eindresultaat:

Output HTML

nummer 1
nummer 2
nummer 3
nummer 4
nummer 5

In dit geval is gebruik gemaakt van een **while** Loop. Dit is een stuk code die zich herhaalt totdat aan een bepaalde voorwaarde is voldaan. Er bestaan ook ander Loop-varianten. In WordPress wordt voornamelijk gebruik gemaakt van een **while** Loop.

Voorbeeld Loop in WordPress:

```php
<?php
if ( have_posts() ) :

    /* Start the Loop */
    while ( have_posts() ) : the_post();

        /*
         * Include the Post-Format-specific template for the content.
         * If you want to override this in a child theme, then include a fi
         * called content-___.php (where ___ is the Post Format name) and t
         */
        get_template_part( 'template-parts/post/content', get_post_format()

    endwhile;

    the_posts_pagination( array(
        'prev_text'          => twentyseventeen_get_svg( array( 'icon' => 'arrow-lef
            class="screen-reader-text">' . __( 'Previous page', 'twentysevent
        'next_text'          => '<span class="screen-reader-text">' . __( 'Next page
            span>' . twentyseventeen_get_svg( array( 'icon' => 'arrow-right'
        'before_page_number' => '<span class="meta-nav screen-reader-text">
            'twentyseventeen' ) . ' </span>',
    ) );

else :

    get_template_part( 'template-parts/post/content', 'none' );

endif;
?>
```

Een belangrijk stukje code in WordPress is The Loop. Dit wordt gebruikt om berichten door te nemen. Afhankelijk van een gekozen URL wordt er bepaald wat er vertoond moet worden. Dit stukje code is voornamelijk in theme-bestanden te vinden. Het voorbeeld index.php is afkomstig van het theme twenty seventeen.

Standaard PHP- en WordPress-functions

Met behulp van PHP is het mogelijk om in WordPress-bestanden functies te definiëren. Standaard zijn er in PHP en WordPress al wat functies aanwezig. Deze zijn direct te gebruiken. Zoals je eerder in dit hoofdstuk hebt gelezen, is er gebruik gemaakt van een PHP-functie **date()**.
In WordPress-bestanden zijn we standaard functions zoals **the_title()** en **the_content()** tegengekomen.

Voorbeeld standaard WordPress-functions:
- `get_post()`
- `the_title()`
- `the_content()`
- `get_permalink()`
- `the_category()`
- `wp_enqueue_style()`

Meer functions: *https://codex.wordpress.org/Function_Reference*.

Voorbeeld standaard PHP-functions:
- `array()`
- `date()`
- `function_exists()`
- `var_dump()`
- `explode()`
- `implode()`
- `split()`
- `sort()`
- `count()`

Meer functions: *https://php.net/manual/en/indexes.functions.php*.

Operators

In Wordpress PHP-bestanden kom je verschillende symbolen tegen. Symbolen zoals **&&**.

```php
<?php
if ( is_sticky() && is_home() ) :
    echo twentyseventeen_get_svg( array( 'icon' => 'thumb-tack' ) );
endif;
?>
```

Of **===**

```php
<?php
if ( 'post' === get_post_type() ) {
    echo '<div class="entry-meta">';
    if ( is_single() ) {
        twentyseventeen_posted_on();
```

En **!==**

```php
<?php if ( '' !== get_the_post_thumbnail() && ! is_single() ) : ?>
    <div class="post-thumbnail">
        <a href="<?php the_permalink(); ?>">
            <?php the_post_thumbnail( 'twentyseventeen-featured-image' ); ?>
        </a>
    </div><!-- .post-thumbnail -->
```

Deze symbolen noemen ze **Operators**. Ze voeren taken uit in variabelen en parameters.

```php
$panel_count = 0;

/**
 * Filter number of front page sections in Twenty Seventeen.
 *
 * @since Twenty Seventeen 1.0
 *
 * @param int $num_sections Number of front page sections.
 */
$num_sections = apply_filters( 'twentyseventeen_front_page_sections', 4 );

// Create a setting and control for each of the sections available in the theme.
for ( $i = 1; $i < ( 1 + $num_sections ); $i++ ) {
    if ( get_theme_mod( 'panel_' . $i ) ) {
        $panel_count++;
    }
}

return $panel_count;
```

Operators in WordPress

Operator	Naam	Voorbeeld	Resultaat
&&	En	$x && $y	Retourneert true als zowel $x als $y waar zijn.
===	Identiek	$x === $y	Retourneert true als $x gelijk is aan $y en als ze van hetzelfde type zijn.
!==	Niet gelijk	$x !== $y	Retourneert true als $x niet gelijk is aan $y en als ze niet van hetzelfde type zijn.
.	Aaneenschakelen	$txt1 . $txt2	Aaneenschakelen van $txt1 en $txt2.
||	Of	$x || $y	Retourneert true als $x of $y waar is.
>	Groter dan	$x > $y	Retourneert true als $x groter is dan $y.
<	Kleiner dan	$x < $y	Retourneert true als $x kleiner is dan $y.
var++	Verhogen met 1	$x++	Retourneert $x verhoogt met één.
*	Vermenigvuldigen	$x * $y	Som van $x vermenigvuldigd met $y.
/	Delen	$x / $y	Som van $x gedeeld door $y.

Meer PHP-operators zie: www.w3schools.com/php/php_operators.asp

WORDPRESS - **Onder De Motorkap**

WP_QUERY

Het hart van WordPress is WP_Query. Deze methode zorgt ervoor dat het juiste bericht, berichten of pagina wordt vertoond.

Een stukje code met de naam **The Loop** is het actieve gedeelte van deze code. Het doorloopt alle pagina's en berichten voordat het wordt gegenereerd. Deze code is opgenomen in verschillende themabestanden. Wanneer een pagina voor het eerst wordt geladen, wordt **index.php** van het actieve thema ingeladen en doorverwezen naar het juiste PHP-bestand.

Gebruik je een bericht als homepage dan wordt vanuit **index.php** doorverwezen naar **template-parts > post > content.php**

```
<?php
if ( have_posts() ) :

    /* Start the Loop */
    while ( have_posts() ) : the_post();

        /*
         * Include the Post-Format-specific template for the content.
         * If you want to override this in a child theme, then include a file
         * called content-___.php (where ___ is the Post Format name) and that will be used instead.
         */
        get_template_part( 'template-parts/post/content', get_post_format() );

    endwhile;

    the_posts_pagination( array(
        'prev_text'          => twentyseventeen_get_svg( array( 'icon' => 'arrow-left' ) ) . '<span class="screen-reader-text">' . __( 'Previous page', 'twentyseventeen' ) . '</span>',
        'next_text'          => '<span class="screen-reader-text">' . __( 'Next page', 'twentyseventeen' ) . '</span>' . twentyseventeen_get_svg( array( 'icon' => 'arrow-right' ) ),
        'before_page_number' => '<span class="meta-nav screen-reader-text">' . __( 'Page', 'twentyseventeen' ) . ' </span>',
    ) );

else :

    get_template_part( 'template-parts/post/content', 'none' );

endif;
?>
```

Nadat het bestand **content.php** is ingeladen, wordt een WP_Query-object aangemaakt en krijgt toegang tot het bericht of berichten.
Hiermee kunnen functions in sjabloonbestanden, zoals `the_post()` en `the_content()`, de juiste inhoud weergeven.

```php
<header class="entry-header">
    <?php
    if ( 'post' === get_post_type() ) {
        echo '<div class="entry-meta">';
            if ( is_single() ) {
                twentyseventeen_posted_on();
            } else {
                echo twentyseventeen_time_link();
                twentyseventeen_edit_link();
            };
        echo '</div><!-- .entry-meta -->';
    };

    if ( is_single() ) {
        the_title( '<h1 class="entry-title">', '</h1>' );
    } elseif ( is_front_page() && is_home() ) {
        the_title( '<h3 class="entry-title"><a href="' . esc_url( get_permalink() ) . '" rel="bookmark">', '<
    } else {
        the_title( '<h2 class="entry-title"><a href="' . esc_url( get_permalink() ) . '" rel="bookmark">', '<
    }
    ?>
</header><!-- .entry-header -->

<?php if ( '' !== get_the_post_thumbnail() && ! is_single() ) : ?>
    <div class="post-thumbnail">
        <a href="<?php the_permalink(); ?>">
            <?php the_post_thumbnail( 'twentyseventeen-featured-image' ); ?>
        </a>
    </div><!-- .post-thumbnail -->
<?php endif; ?>

<div class="entry-content">
    <?php
    /* translators: %s: Name of current post */
    the_content( sprintf(
        __( 'Continue reading<span class="screen-reader-text"> "%s"</span>', 'twentyseventeen' ),
        get_the_title()
    ) );

    wp_link_pages( array(
        'before'      => '<div class="page-links">' . __( 'Pages:', 'twentyseventeen' ),
        'after'       => '</div>',
        'link_before' => '<span class="page-number">',
        'link_after'  => '</span>',
    ) );
    ?>
</div><!-- .entry-content -->
```

Een WP_Query-object bevat een grote hoeveelheid meta-informatie die je kunt gebruiken om weer te geven, zoals auteur, categorie, tags en datum. Het thema bepaalt wat er wordt weergegeven.

Zoals je op de volgende pagina kunt zien, worden alle berichten onder elkaar geplaatst en wordt de **datum** boven de titel van het bericht vertoond.

Klik je op de titel dan wordt het volledige bericht vertoond. Zoals je ziet wordt naast de datum de **auteur** vermeld.

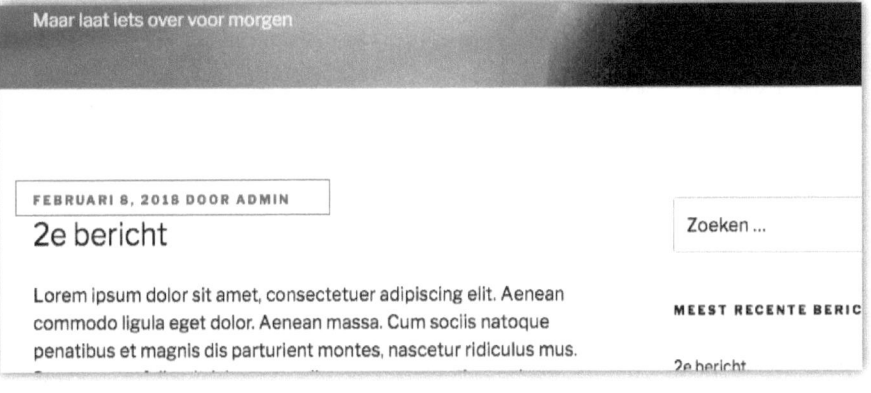

Onderaan de pagina wordt de **categorie** van het bericht vertoond.

WP_Query aanpassen

We gaan de opmaak van de pagina aanpassen. Het doel van deze oefening is om alle berichten op de homepage te voorzien van een aanmaakdatum, categorie vermelding en auteur (inclusief link). Hieronder zie je de stappen die je kunt nemen als je een theme wil aanpassen. De codes die in dit hoofdstuk worden gebruikt, zijn te downloaden.

> wp-books.com/odm/bestanden
> Bestand: **wp_query**

Stappen:
1. Maak een child theme van het theme.
2. Identificeer en kopieer de code die je wilt aanpassen.
3. Neem de code op in de bestanden van het child theme.
4. Activeer het child theme.

Stap 1

Maak een child theme van het theme *twentyseventeen*. Je kan hiervoor de informatie van het hoofdstuk Child Theme gebruiken of het downloadbestand.

Installeer het theme *twentyseventeen-child*. Het activeren doen we later. Eerst moeten we zien te achterhalen welke codes we kunnen toevoegen aan dit bestand.

Stap 2

Met een lokale WordPress-site kun je direct het juiste theme-bestand benaderen. Staat de site online dan heb je een FTP-programma nodig. Ga naar het theme-bestand:

wp-content > themes > twentyseventeen > template-parts > post > content.php

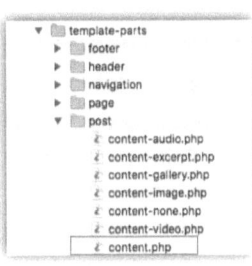

```
<header class="entry-header">
    <?php
    if ( 'post' === get_post_type() ) {
        echo '<div class="entry-meta">';
            if ( is_single() ) {
                twentyseventeen_posted_on();
            } else {
                echo twentyseventeen_time_link() . '", test";
                twentyseventeen_edit_link();
            };
        echo '</div><!-- .entry-meta -->';
    };

    if ( is_single() ) {
        the_title( '<h1 class="entry-title">', '</h1>' );
    } elseif ( is_front_page() && is_home() ) {
        the_title( '<h3 class="entry-title"><a href="' . esc_url( get_permalink() ) . '" rel="bookmark">', '</a></h3>' );
    } else {
        the_title( '<h2 class="entry-title"><a href="' . esc_url( get_permalink() ) . '" rel="bookmark">', '</a></h2>' );
    }
    ?>
</header><!-- .entry-header -->
```

WP_Query doet het volgende: alle berichten worden doorgenomen. Op de frontpage worden alle berichten onder elkaar vertoond en voorzien van een datum, `time_link()` en een bewerk link, `edit_link()` (alleen te zien nadat je bent ingelogd). **Titels** worden voorzien van een link m.b.v. `get_permalink()`. Dit verwijst naar het volledig bericht (single page).

Nu je weet waar de datum in de code te zien is, kun je met de toevoeging `.", test"` zien dat dit de plek is waar je extra codes kunt toevoegen. Het woordje **TEST** wordt later vervangen door een categorie en auteur code. Sla het bestand op en bekijk de site.

Stap 3

Maak een kopie van het bestand content.php. Plaats dit in het child theme. Zorg ervoor dat het theme-bestand geplaatst wordt in dezelfde folderstructuur zoals het parent theme.
Folderstructuur **template-parts > post > content.php**.

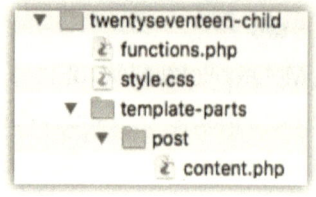

Nu we weten waar we de codes kunnen plakken, is het handig om te weten welke codes we nodig hebben. Het gaat dus om een categorie en auteur vermelding. Als we vanuit de homepage op de titel van een bericht klikken, zien we het volledige artikel.

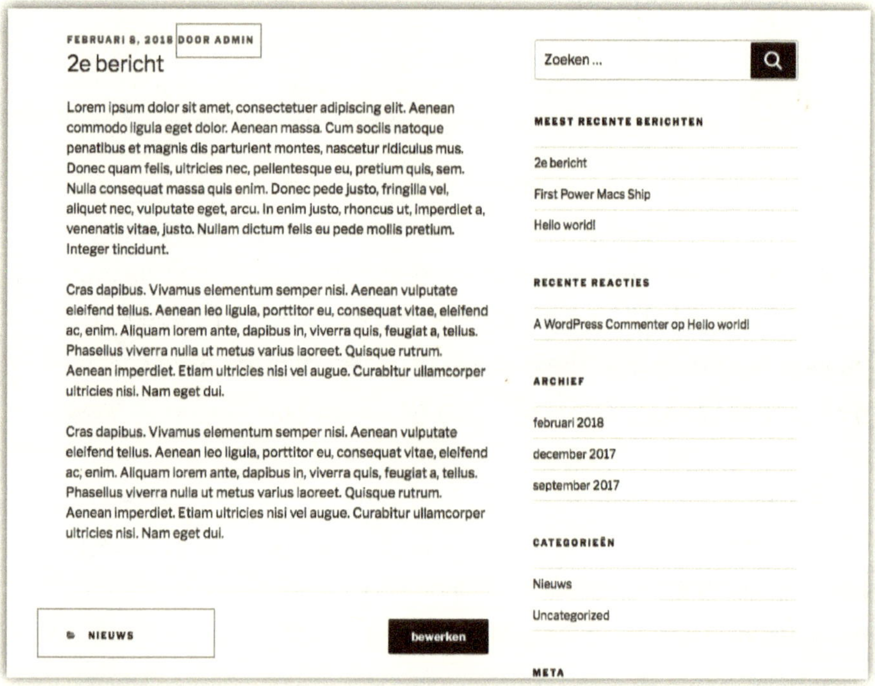

De categorie wordt onderaan het artikel vertoond en de auteur komt naast de aanmaakdatum te staan. In content.php zijn een aantal verwijzingen die moeten optreden als het gaat om een volledig bericht.

Hiervoor wordt een **if**-statement gebruikt in combinatie met de function **is_single**. We weten dat de auteur naast de titel verschijnt. In de code zien we dat de function **twentyseventeen_posted_on()** in werking moet treden omdat dit ook door de class **entry-meta** (meta gegevens) wordt omvat.

```
<header class="entry-header">
    <?php
    if ( 'post' === get_post_type() ) {
        echo '<div class="entry-meta">';
            if ( is_single() ) {
                twentyseventeen_posted_on();
            } else {
                echo twentyseventeen_time_link() . ", test";
                twentyseventeen_edit_link();
            };
        echo '</div><!-- .entry-meta -->';
    };

    if ( is_single() ) {
        the_title( '<h1 class="entry-title">', '</h1>' );
    } elseif ( is_front_page() && is_home() ) {
        the_title( '<h3 class="entry-title"><a href="' . esc_url( get_permalink() ) . '" rel="bookmark">', '</
    } else {
        the_title( '<h2 class="entry-title"><a href="' . esc_url( get_permalink() ) . '" rel="bookmark">', '</
    }
    ?>
</header><!-- .entry-header -->
```

Daarom is de kans groot dat dit iets met de auteur te maken heeft.

```
<div class="entry-content">
    <?php
    /* translators: %s: Name of current post */
    the_content( sprintf(
        __( 'Continue reading<span class="screen-reader-text"> "%s"</span>', 'twentyseventeen' ),
        get_the_title()
    ) );

    wp_link_pages( array(
        'before'      => '<div class="page-links">' . __( 'Pages:', 'twentyseventeen' ),
        'after'       => '</div>',
        'link_before' => '<span class="page-number">',
        'link_after'  => '</span>',
    ) );
    ?>
</div><!-- .entry-content -->

<?php
if ( is_single() ) {
    twentyseventeen_entry_footer();
}
?>
</article><!-- #post-## -->
```

We weten dat de categorie in de footer van het bericht verschijnt. In de code zien we dat de function **twentyseventeen_entry_footer()** in werking moet treden. De grote vraag is waar deze functies zijn beschreven en opgeslagen.

Met een eenvoudige zoek-optie zijn de functions snel te traceren. Je kan direct vanuit je overzichtsvenster een zoek-opdracht in typen. Vanuit Windows heb je ook een soortgelijke zoekfunctie. Typ de naam van een function en geef aan dat de theme folder doorzocht moet worden.
De functions die jij wilt vinden zijn **twentyseventeen_posted_on** en **twentyseventeen_entry_footer** (zonder haakjes ( )).

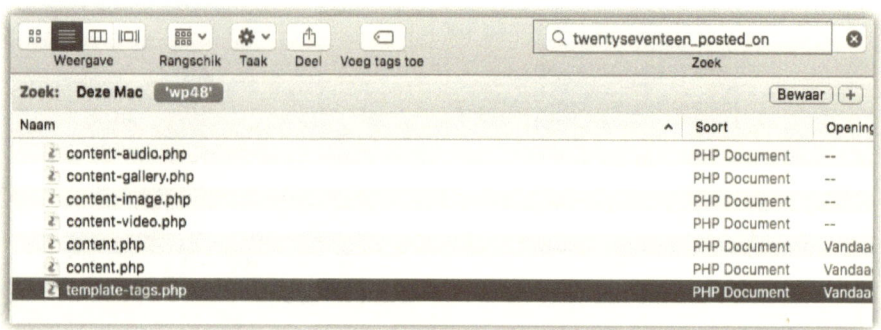

Het resultaat vertoont een aantal bestanden die voor ons bekend zijn.

We weten inmiddels dat alle content-php-bestanden deze functies gebruiken. Er is één bestand die wij nog niet zijn tegengekomen namelijk **template-tags.php**. Dit bestand is hier te vinden: **wp-content > themes > twentyseventeen > inc**. Open het bestand **template-tags.php**.

```
function twentyseventeen_posted_on() {
    // Get the author name; wrap it in a link.
    $byline = sprintf(
        /* translators: %s: post author */
        __( 'by %s', 'twentyseventeen' ),
        '<span class="author vcard"><a class="url fn n" href="' . esc_url( get_author_
          get_the_author() . '</a></span>'
    );

    // Finally, let's write all of this to the page.
    echo '<span class="posted-on">' . twentyseventeen_time_link() . '</span><span cla
}
```

Zoals je kunt zien is de function **get_the_author()** opgenomen in **function twentyseventeen_posten_on**.

In `function twentyseventeen_entry_footer` is de categorie `get_the_gategory_list` en icoon `twentyseventeen_get_svg` opgenomen.

```php
function twentyseventeen_entry_footer() {

    /* translators: used between list items, there is a space after the comma */
    $separate_meta = _( ', ', 'twentyseventeen' );

    // Get Categories for posts.
    $categories_list = get_the_category_list( $separate_meta );

    // Get Tags for posts.
    $tags_list = get_the_tag_list( '', $separate_meta );

    // We don't want to output .entry-footer if it will be empty, so make sure its not.
    if ( ( ( ( twentyseventeen_categorized_blog() && $categories_list ) || $tags_list ) || get_edit_post_link() ) )

        echo '<footer class="entry-footer">';

            if ( 'post' === get_post_type() ) {
                if ( ( $categories_list && twentyseventeen_categorized_blog() ) || $tags_list ) {
                    echo '<span class="cat-tags-links">';

                        // Make sure there's more than one category before displaying.
                        if ( $categories_list && twentyseventeen_categorized_blog() ) {
                            echo '<span class="cat-links">' . twentyseventeen_get_svg( array( 'icon' => 'folder'
                            'twentyseventeen' ) . '</span>' . $categories_list . '</span>';
                        }

                        if ( $tags_list && ! is_wp_error( $tags_list ) ) {
                            echo '<span class="tags-links">' . twentyseventeen_get_svg( array( 'icon' => 'hasht
                            'twentyseventeen' ) . '</span>' . $tags_list . '</span>';
                        }
```

Nu we weten welke code verantwoordelijk is voor het genereren van de informatie, kunnen we dit opnemen in het child theme.

Het is handig om alleen een klein stukje code toe te voegen in het child bestand content.php in plaats van een groot stuk code. Nu we weten welke functions er bestaan, kunnen we deze functionaliteit ook gebruiken in het child theme. Dit kan door een function naam in de code op te nemen.

Belangrijk: Het is alleen mogelijk om theme-bestanden in het child theme op te nemen. Bestanden zoals template-tags.php die voornamelijk functiebeschrijvingen bevatten, kunnen geen onderdeel worden van een child theme. Functiebeschrijvingen worden opgenomen in **functions.php** van het child theme.

Maak twee functies aan met code geleend van template-tags.php.
Kopieer regelnummers 83 t/m 85 voor functie 1. En 20 t/m 22 en 95 en
voor functie 2. Plak deze in functions.php van het child theme.

```php
    array( $parent_style ),
    wp_get_theme()->get( 'Version' )
);
}

// extra uit inc folder regel 83 - 84 , nu in dit bestand
function categorie_link() {
    echo '<span class="cat-links">' .  ' . twentyseventeen_get_svg( array( 'icon' => 'folder-open' ) ) .
    '<span class="screen-reader-text">' . __( 'Categories', 'twentyseventeen' ) . '</span>  ' .
    get_the_category_list( ', ', 'twentyseventeen' ) . '  </span>';
}

// extra uit inc folder template-tag.php regel 20 - 22 en 95 zie vcard, nu in dit bestand
function admin_link() {
    echo __( 'door  ', 'twentyseventeen' ),
    '<span class="author vcard"><a class="url fn n" href="' .
    esc_url( get_author_posts_url( get_the_author_meta( 'ID' ) ) ) . '">' . get_the_author() . '</a></span>';
    twentyseventeen_edit_link();
}

?>
```

De eerste functie krijgt de naam **categorie_link** en zorgt ervoor dat het
bericht de bijbehorende categorienaam vertoont.

De tweede functie krijgt de naam **admin_link** en zorgt ervoor dat het
bericht de auteur laat zien. En een ingelogde gebruiker krijgt een bewerkingslink te zien.

Open daarna het child theme-bestand **content.php** en voeg de twee
functie-namen toe. Zorg ervoor dat de **echo** statement wordt toegevoegd
aan de functienaam.

```php
    <header class="entry-header">
        <?php
        if ( 'post' === get_post_type() ) {
            echo '<div class="entry-meta">';
                if ( is_single() ) {
                    twentyseventeen_posted_on();
                } else {
                    echo twentyseventeen_time_link();
                    // extra categorie met map
                    echo categorie_link();
                    // auteur
                    echo admin_link();
                };
            echo '</div><!-- .entry-meta -->';
        };
```

Activeer je child theme en bekijk de site.

Door goed in het juiste bestand te kijken, heb je snel door wat er allemaal in werking wordt gesteld. Met behulp van een child theme is het mogelijk om een theme-bestand non destructief aan te passen. Met wat kennis van PHP, met name het maken van een functie, is het redelijk eenvoudig om meta gegevens van een bericht, zoals in dit geval de categorie en auteur, ook op de homepage te laten zien.

FUNCTIONS.PHP

In het vorige hoofdstuk hebben we een aantal functies opgenomen in het bestand functions.php. Dit bestand is één van de belangrijkste onderdelen van WordPress. Zoals je inmiddels weet, is dit te vinden in elke thema map, zie: **wp-content > themes > thema_x > functions.php**. Open functions.php van het thema twenty seventeen. Bekijk wat er allemaal beschreven staat.

In dit bestand zijn de belangrijkste PHP-functies van het thema opgeslagen. Zoals we inmiddels weten, dankzij het hoofdstuk WordPress PHP, is een functie een instructie of een set van instructies die een taak uitvoert.

Naast functies zien we een aantal thema instellingen: menu- en widgetlocaties, variabelen, arrays en verwijzingen naar PHP-, JavaScript- en stylesheet-bestanden.

Tips voor het aanpassen van functions.php:

▸ De beste methode voor het aanpassen van dit bestand is door een child thema te maken. Op deze manier worden wijzigingen niet verwijderd na een thema-update. Daarnaast is het voor een ontwikkelaar overzichtelijk en zijn toevoegingen snel te vinden.

▸ Functions.php in een child thema overschrijft niet het parent-bestand. Je kunt alleen nieuwe functies toevoegen. Functie-statements mag je opnemen in thema-bestanden van jouw child thema. Deze overschrijven wel het parent-thema-bestand.

- Beperk het aantal functies. Maak gebruik van een basisfunctionaliteit. Extra functionaliteit kan altijd nog in de vorm van plugins.

- Zorg ervoor dat het document wordt voorzien van commentaar. Hiermee is code voorzien van uitleg, instructies en bronverwijzing.

- Zorg voor logische benamingen. De naam van een functie geeft duidelijk aan waarvoor het gemaakt is.

- Houd de code overzichtelijk. Zorg dat dit geformatteerd is. Hiermee kunnen andere ontwikkelaars de code duidelijk lezen.

De codes die in dit hoofdstuk worden gebruikt, zijn te downloaden.

> wp-books.com/odm/bestanden
> Bestand: **footer_functie**

Functions praktisch toepassen

In dit hoofdstuk gaan we een function van het child theme twenty seventeen uitbreiden. In het vorige hoofdstuk hebben we al een child theme aangemaakt en we gaan hiermee verder door de footer van het theme aan te passen. Momenteel staat er "Ondersteund door WordPress".

We gaan deze tekst vervangen door een nieuwe function die een copyright datum genereert gebaseerd op het oudste en nieuwste bericht. Als de website in dit jaar is gestart, wordt alleen het huidige jaar vertoond.

functions.php
Open het child theme-bestand en voeg de onderstaande code toe:

```
// footer copyright begin en einddatum berichten
function footer_copyrightdatum()
    {
    global $wpdb;
    $copyright_dates = $wpdb->get_results("
SELECT
YEAR(min(post_date_gmt)) AS firstdate,
YEAR(max(post_date_gmt)) AS lastdate
FROM
$wpdb->posts
WHERE
post_status = 'publish'
");
    $output = '';
    if ($copyright_dates)
        {
        $copyright = "&copy; " . $copyright_dates[0]->firstdate;
        if ($copyright_dates[0]->firstdate != $copyright_dates[0]->lastdate)
            {
            $copyright.= ' - ' . $copyright_dates[0]->lastdate;
            }

        $output = $copyright;
        }

    return $output;
    }
```

Er is een nieuwe function gemaakt met de naam:
`footer_copyrightdatum()`. Hierin staat beschreven dat er gekeken moet worden naar een **firstdate** en **lastdate** van gepubliceerde berichten. Daaronder wordt een opmaak beschreven en voorzien van een copyright symbool `&copy;`.

site-info.php
Ga naar het parent theme **twentyseventeen > template-parts > footer**. Kopieer deze map. Plak deze map in de map van het child theme. Verwijder daarna het bestand *footer-widgets.php*.

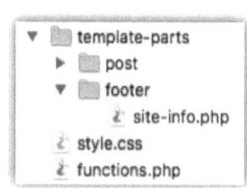

Kopieer de onderstaande code.

```
Powered by WJAC <?php echo footer_copyrightdatum(); ?>
```

Open het child theme-bestand **site-info.php**. Selecteer de onderstaande code en vervang dit door de nieuwe code.

```php
<?php
/**
 * Displays footer site info
 *
 * @package WordPress
 * @subpackage Twenty_Seventeen
 * @since 1.0
 * @version 1.0
 */
?>
<div class="site-info">
    <a href="<?php echo esc_url( __( 'https://wordpress.org/', 'twentyseventeen' ) ); ?>"><?php printf( __( 'Proudly powered by %s', 'twentyseventeen' ), 'WordPress' ); ?></a>
</div><!-- .site-info -->
```

De code ziet er dan zo uit:

```php
<?php
/**
 * Displays footer site info
 *
 * @package WordPress
 * @subpackage Twenty_Seventeen
 * @since 1.0
 * @version 1.0
 */

?>
<div class="site-info">
    Powered by WJAC <?php echo footer_copyrightdatum(); ?>
</div><!-- .site-info -->
```

Sla het bestand op en bekijk de site.

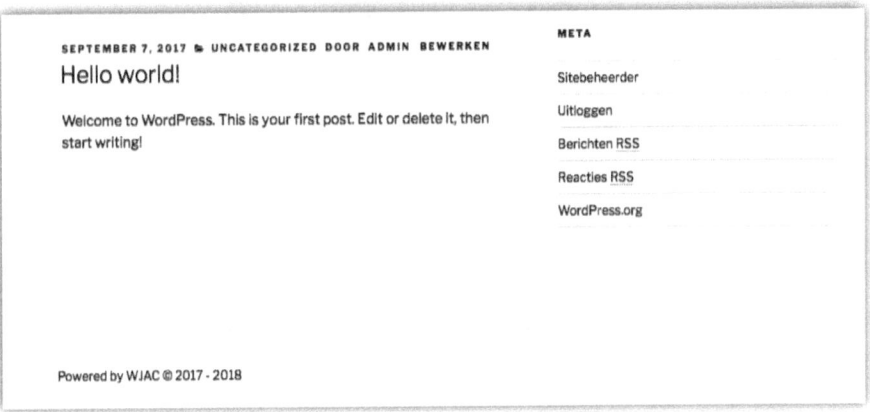

Een bezoeker ziet met deze informatie dat de site actueel is.

Had je de footer informatie rechtstreeks in het theme-bestand site-info.php verwerkt, dan zou je dit jaarlijks bij moeten houden.

WORDPRESS - Onder De Motorkap

PRAKTISCHE FUNCTIONS

Het theme-bestand functions.php werkt alleen binnen een actieve theme. Verander je van theme en wil je een aantal nieuwe functies behouden dan moet je de toegevoegde codes eerst kopiëren en daarna in functions.php van het nieuwe child theme plakken. Vergeet dan ook niet om in het juiste theme-bestand (b.v. *footer.php* of *site-info.php*) de uitvoerende code toe te voegen.

In dit hoofdstuk laat ik een aantal praktische functions zien die direct zijn toe te passen. Deze functions zijn met behulp van onderstaand adres te downloaden en te bekijken.

> wp-books.com/odm/bestanden
> Bestand: **practische_functions**

Wil je de code zelf toepassen dan is het beter om de code te kopiëren en te plakken in je eigen functions.php bestand. Hiermee wordt voorkomen dat er type fouten ontstaan.

Onderwerpen:
1. Link 'Verder Lezen' aanpassen of verwijderen.
2. Extra afmeting van afbeelding toevoegen.
3. Extra bestandstype uploaden.
4. jQuery opnemen in WordPress.
5. Overbodige HTML-tags in de head verwijderen.
6. Google Analytics toevoegen.
7. Resized JPG-afbeelding verscherpen.

Link 'Verder Lezen' aanpassen of verwijderen

Als je een bericht hebt voorzien van een Read More-tag, dan krijg je standaard onder het bericht de link "Verder lezen" te zien. Als je de linktekst wilt wijzigen, kun je dit doen met behulp van een function, waarin je de link ook kunt voorzien van een afbeelding. Hieronder zie je de code

```
// read more link aanpassen
function aangepaste_read_more_link() {
    return '<a class="more-link" href="' . get_permalink() . '">Lees verder </a>' . '<img
       src="' . get_bloginfo('stylesheet_directory') . '/images/pijl.png" alt="lees meer"
       title="Lees meer..." width="20px" />';
}
add_filter( 'the_content_more_link', 'aangepaste_read_more_link' );
```

Er wordt een nieuwe function gemaakt met de naam **aangepaste_read_more_link**. Bij **return** wordt de link met tekst en afbeelding opgemaakt. Met **stylesheet_directory** zorg je ervoor dat het child theme directory wordt gebruikt en niet het parent theme.

Met **add_filter()** is het dus mogelijk om bestaande functionaliteit in WordPress te veranderen. Hiermee wordt de huidige read more function the_content_more_link vervangen door aangepaste_read_more_link.

Hieronder het resultaat:

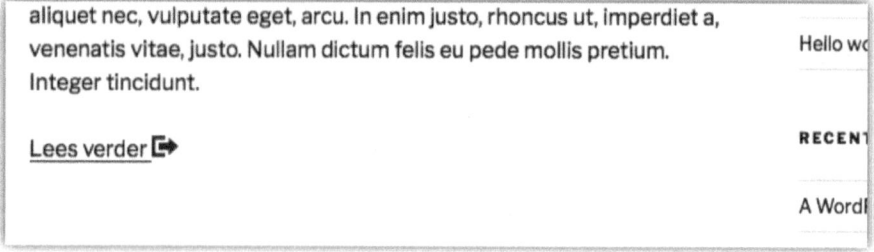

Vergeet hierbij niet om een folder met de naam **images** met daarin een afbeelding met de naam **pijl.png** in je child theme te plaatsen.

In plaats van tekst als link kun je natuurlijk ook alleen een afbeelding gebruiken. In dat geval vervang je "Lees verder" in de code voor de gehele <img> tag. De code ziet er dan zo uit:

```
// read more link plaatje
function aangepaste_read_more_link2() {
    return '<a class="more-link" href="' . get_permalink() . '"><img src="' .
    get_bloginfo('stylesheet_directory') . '/images/pijl.png" alt="lees meer" title="Lees
    meer..." width="20px" /> </a>' ;
}
add_filter( 'the_content_more_link', 'aangepaste_read_more_link2' );
```

Resultaat:

> Nulla consequat massa quis enim. Donec pede justo, fringilla vel, aliquet nec, vulputate eget, arcu. In enim justo, rhoncus ut, imperdiet a, venenatis vitae, justo. Nullam dictum felis eu pede mollis pretium. Integer tincidunt.
>
> First Power
>
> Hello world!
>
> RECENTE

Verder lezen link verwijderen

Op verschillende blogsites wordt geen gebruik gemaakt van een "Verder lezen" link. De gebruiker moet in dat geval op de titel klikken om de rest van het artikel te lezen. Als je de read more link en tekst wilt verwijderen, kun je het volgende doen:

```
// read more link verwijderen
function aangepaste_read_more_link3() {
    return '' ;
}
add_filter( 'the_content_more_link', 'aangepaste_read_more_link3' );
```

Er is bij `return''` niets te zien, de 'waarde' is niet ingevuld. Met **add_filter** wordt **the_content_more_link** function vervangen door een nieuwe function **aangepast_read_more_link3**.

WORDPRESS - Onder De Motorkap

Meer info: *https://codex.wordpress.org/Customizing_the_Read_More*.

Extra afmeting van afbeelding toevoegen

Nadat een afbeelding is geüpload, maakt WordPress standaard drie verschillende afbeeldingsgroottes aan. Deze afmetingen kun je aanpassen via:
Dashboard > Instellingen > Media.

Het is mogelijk om extra afmetingen hieraan toe te voegen.
Een webdeveloper kan hiermee een aantal afmetingen vastleggen.
Een gebruiker heeft dan net iets meer keuze.

Extra function toevoegen

Maak een child theme van jouw theme (twentyseventeen-child) en open functions.php. Plaats de onderstaande code:

```
// extra afmetingen toevoegen
function extra_afmetingen() {
  add_theme_support('post-thumbnails');
    add_image_size('banner', 960, 355, true);  // true = hard crop
    add_image_size('thumb', 120, 120, false); // false = soft crop
    //add_image_size('widget', 170, 400, true);
}
add_action('after_setup_theme', 'extra_afmetingen');

// voor uitklap-menu
function add_extra_afmetingen( $imageSizes ) {
    $my_sizes = array(
        'banner' => 'Banner', 'thumb' => 'Thumb'//,'widget' => 'Widget'
    );
    return array_merge( $imageSizes, $my_sizes );
}
add_filter( 'image_size_names_choose', 'add_extra_afmetingen' );
```

```
// extra afmetingen toevoegen
function extra_afmetingen() {
  add_theme_support('post-thumbnails');
    add_image_size('banner', 960, 355, true); // true = hard crop
    add_image_size('thumb', 120, 120, false); // false = soft crop
    //add_image_size('widget', 170, 400, true);
}
add_action('after_setup_theme', 'extra_afmetingen');
```

Een function met de naam **extra_afmetingen** bevat drie afmetingen (banner, thumb en widget) waarvan de derde is gedeactiveerd.
Met **add_action** zorg je ervoor dat de function wordt toegevoegd nadat het theme is ingeladen.

```
// voor uitklap-menu
function add_extra_afmetingen( $imageSizes ) {
  $my_sizes = array(
        'banner' => 'Banner', 'thumb' => 'Thumb'//,'widget' => 'Widget'
  );
  return array_merge( $imageSizes, $my_sizes );
}
add_filter( 'image_size_names_choose', 'add_extra_afmetingen' );
```

De tweede function **add_extra_afmetingen** zorgt ervoor dat de afmetingen in een uitklapvenster te zien zijn wanneer een afbeelding wordt toegevoegd aan een bericht of pagina.

Met **add_filter** wordt de function **image_size_names_choose** vervangen door de function **add_extra_afmetingen**.
Hard crop = Verkleinen volgens vaste afmeting.
Soft crop = Verkleinen in verhouding, de breedte bepaalt de hoogte.

Wil je de derde afmeting activeren, verwijder dan de PHP-commentaar **//** bij function één en twee (uiteraard niet bij hard of soft crop).

Het is mogelijk om een vierde afmeting toe te voegen door de regel **add_image_size** te kopiëren en te plakken. Daarna aanpassen.

Vergeet niet om de variabele **&my_sizes** in function twee aan te vullen.
b.v. , `'footer'` => `'Footer'`

Afbeelding importeren en plaatsen in een bericht

Ga naar de Mediabibliotheek en **upload** een afbeelding. Daarna ga je naar een bericht en voeg een afbeelding toe. De nieuwe afmetingen zijn te zien in het uitklapvenster.

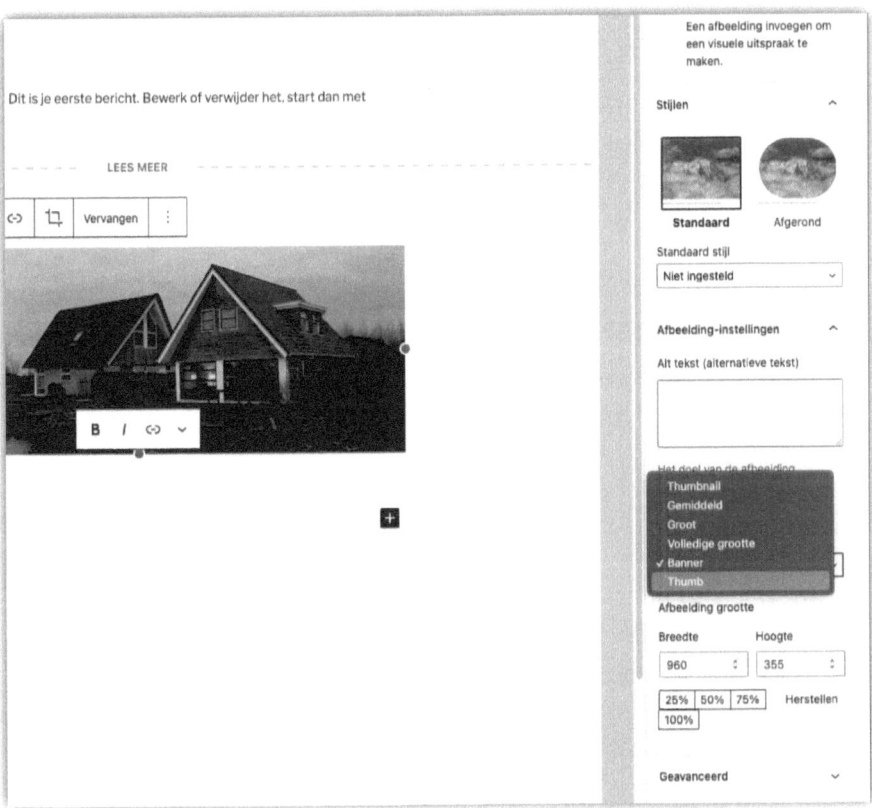

Ben je met een nieuwe site begonnen en heb je nog geen afbeeldingen in je Mediabibliotheek staan dan krijgen alle geïmporteerde afbeeldingen de nieuwe afmetingen mee.

Afbeeldingen regenereren

Heb je al heel wat afbeeldingen in je Mediabibliotheek en is de code later toegevoegd, maak dan gebruik van de Plugin Regenerate Thumbnails.

Automatically regenerate
all your image thumbnails
Regenerate Thumbnails

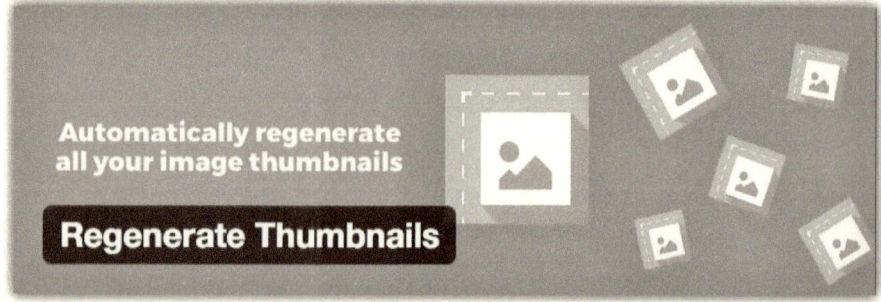

Dit zorgt ervoor dat nieuwe afmetingen worden toegepast op alle geïmporteerde afbeeldingen.

Nadat de plugin is geïnstalleerd en geactiveerd ga je naar:
Gereedschap > Regenerate Thumbnails en klik op de beide knoppen.

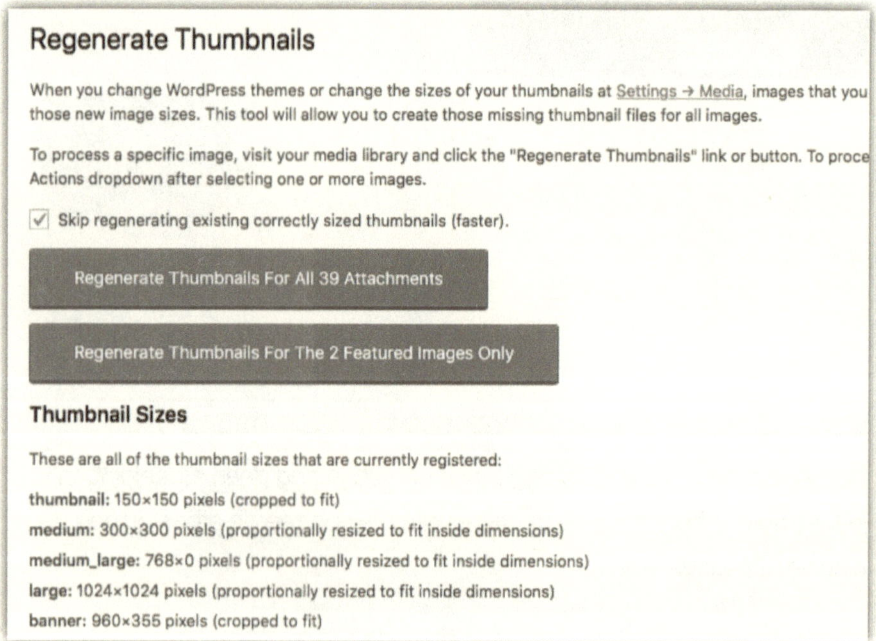
Regenerate Thumbnails
When you change WordPress themes or change the sizes of your thumbnails at Settings → Media, images that you
those new image sizes. This tool will allow you to create those missing thumbnail files for all images.
To process a specific image, visit your media library and click the "Regenerate Thumbnails" link or button. To proce
Actions dropdown after selecting one or more images.
Skip regenerating existing correctly sized thumbnails (faster).
Regenerate Thumbnails For All 39 Attachments
Regenerate Thumbnails For The 2 Featured Images Only
Thumbnail Sizes
These are all of the thumbnail sizes that are currently registered:
thumbnail: 150×150 pixels (cropped to fit)
medium: 300×300 pixels (proportionally resized to fit inside dimensions)
medium_large: 768×0 pixels (proportionally resized to fit inside dimensions)
large: 1024×1024 pixels (proportionally resized to fit inside dimensions)
banner: 960×355 pixels (cropped to fit)

Extra bestandstype uploaden

In WordPress kun je standaard afbeeldings-, geluids-, video- en tekstbestanden uploaden. Wil je een exotisch bestandstype uploaden, zoals een SVG-bestand (Scalable Vector Graphic) dan is dit niet mogelijk.
Wil je dit alsnog toevoegen dan kun je de onderstaande code gebruiken in functions.php van je child theme:

```
// SVG en PSD upload
function extra_mime_types($mime_types){
    $mime_types['svg'] = 'image/svg+xml';
    //$mime_types['psd'] = 'image/vnd.adobe.photoshop';
    return $mime_types;
}
add_filter('upload_mimes', 'extra_mime_types', 1, 1);
```

Met deze code is het dus mogelijk om een SVG-bestand te uploaden.
Let op: deze functie werkt alleen binnen dit theme.

Als je een nieuw type wilt toevoegen, kopieer en plak de regel **&mime_types**. Vervang daarna de **['extensie']** en **'mime type'** (zie // psd). Meer informatie over Mime types kun je vinden via Google door te zoeken naar "list of MIME types". Heb je eenmaal een SVG-bestand opgenomen in de bibliotheek dan kun je dit net zoals elke andere afbeelding invoegen in een bericht of pagina.

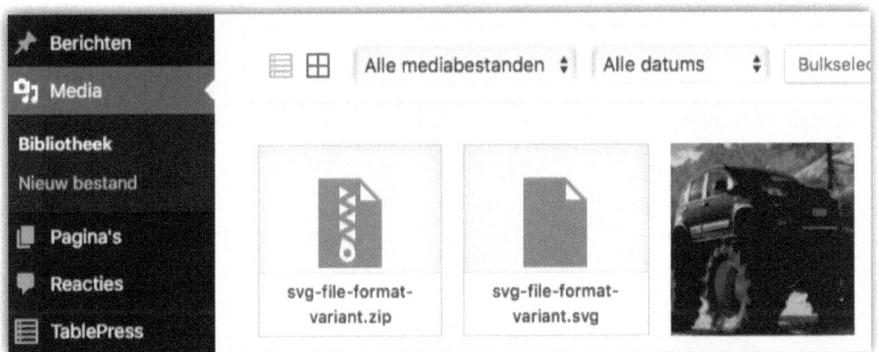

jQuery opnemen in WordPress

Een verwijzing naar JavaScript zoals b.v. een jQuery bibliotheek wordt meestal in de head van een HTML-document geplaatst. In WordPress gebruik je daarvoor header.php.

Voordelen van jQuery zijn onder andere:
- Snel en compact in vergelijking met andere JavaScript-frameworks.
- Vele toepassingen beschikbaar.
- Eenvoudig om te leren en toe te passen.

In plaats van header.php te gebruiken, is het ook mogelijk om dit toe te passen in functions.php. Open functions.php van het child theme en plaats de onderstaande code:

```
// jquery verwijzing
if (!is_admin()) {
    wp_deregister_script('jquery');
    wp_register_script('jquery', ("https://ajax.googleapis.com/ajax/libs/jquery/1/jquery.min.js"), false);
    wp_enqueue_script('jquery');
}
```

Sla het bestand op. jQuery-bestanden staan op een CDN-server (Content Delivery Network). Het voordeel van een verwijzing naar online bestanden in plaats van embedded bestanden is dat wanneer een bezoeker een website met jQuery heeft bezocht, de JavaScript-classes al zijn ingeladen in de cache van de browser. Daarnaast zijn online bestanden altijd up-to-date.

Nu dit onderdeel is opgenomen in jouw website, is het ook mogelijk om gebruik te maken van een jQuery-bibliotheek. Een jQuery-WordPress plugin is hiervoor niet nodig.

Vanuit een browser is in de broncode van de website te zien dat er een verwijzing is naar een jQuery-bibliotheek.

```
<link rel="stylesheet" id="twentyseventeen-style-css" href="http://127.0.0.1/wp-site/wp-co
<!--[if lt IE 9]> <link rel='stylesheet' id='twentyseventeen-ie8-css' href='http://127.0.0
<![endif]-->
<script type="text/javascript" src="https://ajax.googleapis.com/ajax/libs/jquery/1/jquery.
<!--[if lt IE 9]> <script type='text/javascript' src='http://127.0.0.1/wp-site/wp-content/
<link rel="https://api.w.org/" href="http://127.0.0.1/wp-site/wp-json/">
```

Als voorbeeld gebruik ik een slider afkomstig van **w3schools.com/jquery/ jquery_slide.asp**. Het toepassen van een jQuery-effect is niets meer dan het toevoegen van wat code aan een pagina of bericht. Deze code bestaat meestal uit een klein JS-script, CSS en wat HTML.

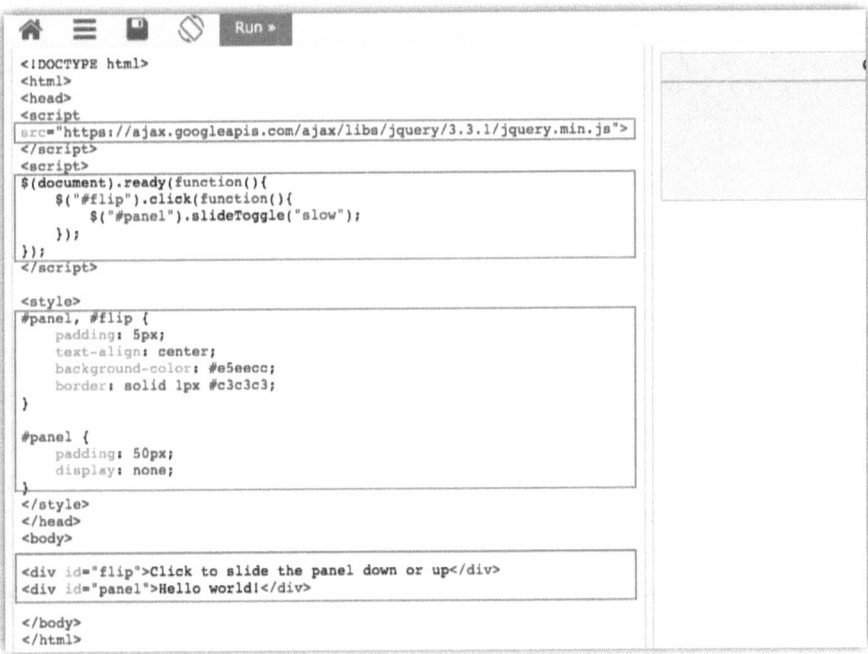

Je kunt het gehele script in een bericht/pagina opnemen, maar het is beter om het script op te nemen in functions.php, de CSS in je stylesheet en de HTML direct in een pagina of bericht. Het **eerste blok** is een verwijzing naar de jQuery-bibliotheek, die we al hebben opgenomen in **functions- .php**.

Het **tweede blok** is het script voor de werking van de slider. Dit mag je opnemen in **functions.php**. Neem het onderstaande script over. Het jQuery-script is hierin al verwerkt.

```php
add_action( 'wp_footer', function() { ?>
    <script>
        ( function( $ ) {
            'use strict';
            $( document ).on( 'ready', function() {
                // JS Script hier
                $(document).ready(function(){
                    $("#flip").click(function(){
                        $("#panel").slideToggle("slow");
                    });
                });
            } );
        } ( jQuery ) );
    </script>
<?php } );
```

Voor de correctheid kun je het stukje CSS opnemen in je stylesheet. Open **style.css** van het child theme en plak de CSS-code van **blok drie** zonder de tag **<style>**.

```
This theme, like WordPress, is licensed under the GPL.
Use it to make something cool, have fun, and share what you've learned with oth
*/

#panel, #flip {
    padding: 5px;
    text-align: center;
    background-color: #e5eecc;
    border: solid 1px #c3c3c3;
}

#panel {
    padding: 50px;
    display: none;
}
```

Sla het bestand op.

Ga naar het **Dashboard** en maak een nieuw bericht aan. Voeg vanuit de tekstverwerker een HTML-blok toe en plak daarin het **laatste blok** (zonder **<body>** tag).

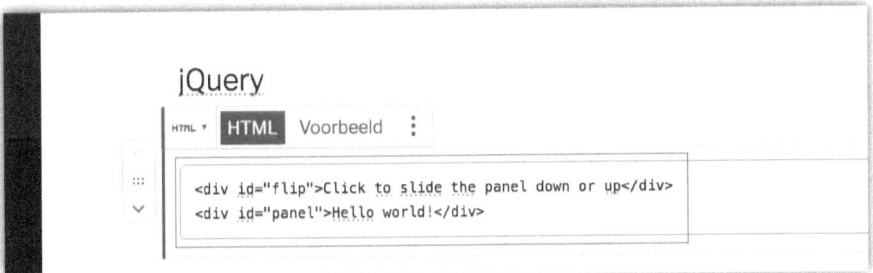

Klik vervolgens op de knop **Opslaan** en bekijk de site.

Klik op **Click to slide the panel** om te zien of het werkt.

Overbodige tags in de head verwijderen

WordPress genereert standaard een aantal tags in de **<head>** van een website. Daarvan zijn een aantal belangrijk en sommige weer niet. Als je van een aantal **<tags>** af wilt die je toch niet gebruikt, dan kan dat. .

```
<link rel="https://api.w.org/" href="http://127.0.0.1/wp-site/wp-json/">
<link rel="EditURI" type="application/rsd+xml" title="RSD" href="http://127.
<link rel="wlwmanifest" type="application/wlwmanifest+xml" href="http://127.
<meta name="generator" content="WordPress 4.9.4">
<link rel="canonical" href="http://127.0.0.1/wp-site/">
<link rel="shortlink" href="http://127.0.0.1/wp-site/">
```

Het verwijderen van een paar regels code in je **<head>** zal de website niet direct sneller maken, maar zorgt er wel voor dat er minder informatie wordt ingeladen. Het volgende mag je verwijderen:

WordPress versie nummer
```
<meta name="generator" content="WordPress 4.9.4">
```

Niemand is geïnteresseerd welke versie er wordt gebruikt.
Dit stukje informatie mag je verwijderen.

Post Relational Links - index, start, previous/next post
```
<link rel='index' title='Main Page' href='http://www.wjac.nl' />
<link rel='start' title='Article in the distant past' href='http://www.wjac.nl/hello-world/' />
<link rel='prev' title='The Post Before This One' href='http://www.wjac.nl/post-before/' />
<link rel='next' title='The Post After This One' href='http://www.wjac.nl/post-after/' />
```

Sommige browsers hebben deze regels nodig om te navigeren, maar in de meeste thema's zijn deze regels overbodig.

WLWmanifest link

```
<link rel="wlwmanifest" type="application/wlwmanifest+xml"
href="https://cdn.crunchify.com/wp-includes/
wlwmanifest.xml">
```

Deze regel is alleen nodig als een website beheerd wordt met Windows Live Writer. Als dat niet het geval is, dan mag je deze regel verwijderen.

RSD link

```
<link rel="EditURI" type="application/rsd+xml" title="RSD"
href="https://yourdomain.com/xmlrpc.php?rsd" />
```

RSD is een protocol dat wordt gebruikt door verschillende programma's om verbinding te maken met een WordPress-website. Als je een website beheert met behulp van een browser, dan kun je deze tag verwijderen.

Shortlink

```
<link rel="shortlink" href="http://crunchify.me/2u4K6bv">
```

WordPress creëert een short link voor alle berichten en pagina's. Dit kan handig zijn bij het delen op sociale media, maar als je er geen gebruik van maakt, kun je deze regel verwijderen.

Tags verwijderen

Om een aantal **<tags>** in de **<head>** te verwijderen, plaats je de onderstaande code in **functions.php** van het child theme.

```
remove_action('wp_head', 'rsd_link');           // really simple discovery link
remove_action('wp_head', 'wp_generator');       // wordpress versie
remove_action('wp_head', 'feed_links');         // rss feed links
remove_action('wp_head', 'feed_links_extra');   // all extra rss feed links
remove_action('wp_head', 'index_rel_link');     // link to index page
remove_action('wp_head', 'wlwmanifest_link');   // windows live writer)
remove_action('wp_head', 'start_post_rel_link'); // random post link
remove_action('wp_head', 'adjacent_posts_rel_link'); // next and previous
remove_action('wp_head', 'wp_shortlink_wp_head'); // shortlink
```

Google Analytics toevoegen

Met de onderstaande code is het relatief eenvoudig om de Google Analytics-code toe te voegen aan **functions.php** van het child theme. De code structuur die we hiervoor hebben gebruikt, is afkomstig van het hoofdstuk 'jQuery opnemen in WordPress'. Het script is afkomstig van Google.

```
// Script Google Analytics
add_action( 'wp_head', function() { ?>
<script>
(function(i,s,o,g,r,a,m){i['GoogleAnalyticsObject']=r;i[r]=i[r]||function(){
(i[r].q=i[r].q||[]).push(arguments)},i[r].l=1*new Date();a=s.createElement(o),
m=s.getElementsByTagName(o)[0];a.async=1;a.src=g;m.parentNode.insertBefore(a,m)
})(window,document,'script','https://www.google-analytics.com/analytics.js','ga');

ga('create', 'UA-00000000-1', 'auto');
ga('send', 'pageview');

</script>
<?php } );
```

De uitzondering is dat dit script in de **<head>** tag moet worden geplaatst en het **<script>**-element is natuurlijk anders.

Bij **add_action** wordt **wp_head** gebruikt in plaats van **wp_footer**. Bij het **script** element gebruik je het script verkregen van Google.

Nadat het script is toegevoegd, vervang je de Google Analytics Code **'UA-00000000-1'** met de code die je van Google hebt ontvangen.

In de broncode van de website is te zien dat het **<script>** is opgenomen in de **<head>** tag.

```
▼ <script>
    (function(i,s,o,g,r,a,m){i['GoogleAnalyticsObject']=r;i[r]=i[r]||function(){
    (i[r].q=i[r].q||[]).push(arguments)},i[r].l=1*new Date();a=s.createElement(o),
    m=s.getElementsByTagName(o)[0];a.async=1;a.src=g;m.parentNode.insertBefore(a,m)
    })(window,document,'script','https://www.google-analytics.com/analytics.js','ga');

    ga('create', 'UA-00000000-1', 'auto');
    ga('send', 'pageview');
  </script>
▶ <style>…</style>
  </head>
```

Resized JPG-afbeelding verscherpen

We weten inmiddels dat een geïmporteerde afbeelding in drie verschillende grootes wordt gegenereerd (zie hoofdstuk "Extra afmeting van afbeelding toevoegen"). Tijdens dit proces worden afbeeldingen gecomprimeerd, waardoor er wat scherpte verloren gaat. Met behulp van onderstaande code worden resized JPG-afbeeldingen automatisch verscherpt.

```
// Sharpen Resized JPG
function sharpen_resized_file( $resized_file ) {
    $image = wp_load_image( $resized_file );
    if ( !is_resource( $image ) )
        return new WP_Error( 'error_loading_image', $image, $file );
    $size = @getimagesize( $resized_file );
    if ( !$size )
        return new WP_Error('invalid_image', __('Could not read image size'), $file);
    list($orig_w, $orig_h, $orig_type) = $size;
    switch ( $orig_type ) {
        case IMAGETYPE_JPEG:
            $matrix = array(
                array(-1, -1, -1),
                array(-1, 16, -1),
                array(-1, -1, -1),
            );
            $divisor = array_sum(array_map('array_sum', $matrix));
            $offset  = 0;
            imageconvolution($image, $matrix, $divisor, $offset);
            imagejpeg($image, $resized_file,apply_filters( 'jpeg_quality', 90, 'edit_image' ));
            break;
        case IMAGETYPE_PNG:
            return $resized_file;
        case IMAGETYPE_GIF:
            return $resized_file;
    }
    return $resized_file;
}
add_filter('image_make_intermediate_size', 'sharpen_resized_file',900);
```

Als je deze code toevoegt nadat je al eerder JPG-afbeeldingen hebt geïmporteerd, kun je met behulp van de plugin "Regenerate Thumbnails" ervoor zorgen dat de code wordt toegepast op alle geïmporteerde afbeeldingen.

WORDPRESS - Onder De Motorkap

THEME CUSTOMIZER

In het vorige hoofdstuk hebben we extra functionaliteit toegevoegd aan een theme. Als developer kunnen we met behulp van extra code het theme aanpassen. Voor een opdrachtgever die niets van code weet, kan dit echter net iets te veel gevraagd zijn.

Wil je een opdrachtgever de mogelijkheid geven om iets aan te passen binnen een theme, dan kun je gebruik maken van de Customize API.

Customize API (Customizer) is een framework voor het veranderen en live bekijken van wijzigingen in een theme. Het is de standaard interface voor gebruikers om verschillende onderdelen van een theme aan te passen, zoals kleuren, lay-outs, widgets, menu's en meer. Dit onderdeel is te vinden in het dashboard onder **Weergave > Customizer**.

Thema's en plugins kunnen extra opties toevoegen aan de customizer. Dit kan natuurlijk ook met behulp van code.

Customizer objecten

Customize API is objectgeoriënteerd. Er zijn vier typen objecten:

Panel - Containers voor sections waardoor meerdere sections kunnen worden gegroepeerd.

Section - Wanneer je nieuwe instellingen en besturingselementen definieert, moeten deze aan een section worden toegevoegd. Je kan ook nieuwe instellingen en besturingselementen toevoegen aan standaard secties (bestaande customizer menu-opties).

Setting - Bedieningselement(en) gekoppeld aan een instelling (waarde).

Control - Bedieningselement dat een beheerder in staat stelt om instellingen te wijzigen. Een Control is gekoppeld aan een enkele instelling en section.

Optioneel:
Live preview - Verwijzing naar een JS-script waarmee een beheerder realtime veranderingen kan zien. Wordt er gebruik gemaakt van een parent theme met Live Preview, dan is het niet nodig om deze extra code in een child theme toe te voegen.

In het vorige hoofdstuk, Functions praktisch toepassen, heb je de footer van het child theme Twenty Seventeen in code aangepast.

In het volgende hoofdstuk gaan we gebruikmaken van een Customizer.

Footer customizer

In dit hoofdstuk gaan we een Footer Customizer maken waarmee een gebruiker zelf kan bepalen wat er in de footer komt te staan. Je kunt de benodigde code downloaden en bekijken via het onderstaande adres.

wp-books.com/odm/bestanden
Bestand: **custom_footer**

Maak een child theme van het theme Twenty Seventeen met de naam **twentyseventeen-child** en maak de volgende mappen aan:

template-parts > footer. Plaats in de map **footer** een kopie van het bestand **site-info.php** van het parent theme.

Activeer het theme Twenty Seventeen Child.

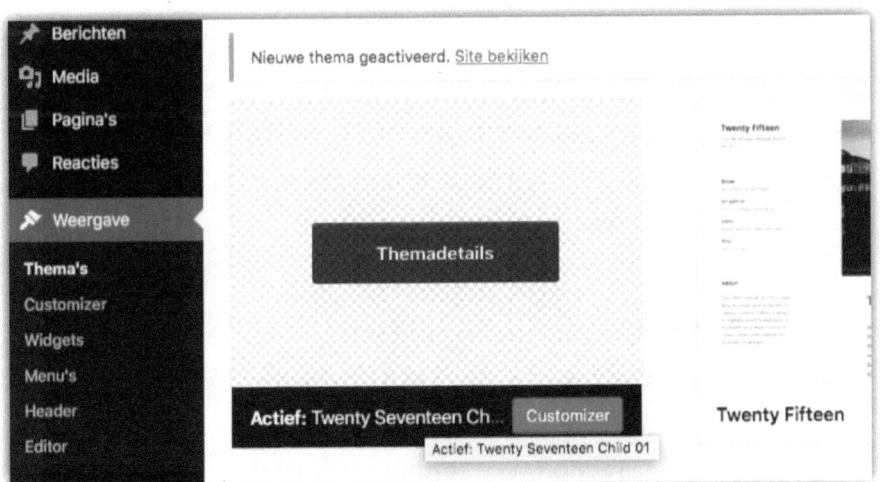

Activeren van Customizer API

Nadat het child theme is geactiveerd, plaatsen we een function **childtheme_customize_register**. Dit is nodig om de customizer aan te passen. Open function.php van het child theme en plaats de code:

```
// Defining Section, Setting, and Controls
function childtheme_customize_register( $wp_customize ) {
```

Vervolgens plaatsen we een code die ervoor zorgt dat in het previewscherm een edit button wordt vertoond naast de footer tekst.

```
// edit button
$wp_customize->selective_refresh->add_partial( 'footer_text_textbox', array(
    'selector' => '.site-info',
    'render_callback' => 'twentyseventeen_customize_partial_footer_text_textbox',
) );
```

De code is gedeeltelijk afkomstig van:
wp-content > themes > twentyseventeen > inc > customizer.php
De footer heeft de naam **footer_text_textbox** gekregen.
De button gebruikt een CSS-selector met de naam **.site-info**.
Bij **render_callback** wordt het gedeelte in het theme opnieuw opgebouwd nadat dit is aangepast. De parameter:
twentyseventeen_customize_partial_**footer_text_textbox**
is gedeeltelijk afkomstig van het bestand *customizer.php* waarvan het laatste gedeelte de naam van de nieuwe customizer is.

Plaatsen van Section, Setting en Controls

Na **childtheme_customize_register** plaatsen we objecten.

Eerst maken we een **section** voor **settings** en **controls**.
In **settings** kunnen we **control** elementen toevoegen.
Plaats de volgende code in functions.php:

```
//Adding a section
$wp_customize->add_section(
        'footer_setting_section',
        array(
                'title' => 'Footer Tekst',
                'description' => 'Gebruik dit onderdeel om uw site te voorzien van Fo
                   tekst',
                'priority' => 9999,
        )
);

//Add a setting 1
$wp_customize->add_setting(
            'show_footer_text'
);

//Add control 1
$wp_customize->add_control(
            'show_footer_text',
            array(
                'type' => 'checkbox',
                'label' => 'Toon footer tekst',
                'section' => 'footer_setting_section',
            )
);

//Add a setting 2
$wp_customize->add_setting(
            'footer_text_textbox',
            array(
                'default' => 'Footer tekst hier',
            )
);

//Add control 2
 $wp_customize->add_control(
            'footer_text_textbox',
            array(
                'label' => 'Footer text',
                'section' => 'footer_setting_section',
                'type' => 'text',
            )
);
}
add_action( 'customize_register', 'childtheme_customize_register' );
```

add_action('customize_register','childtheme_customize_register');
zorgt ervoor dat een function wordt **toegevoegd** aan de customizer.

In de bovenstaande code is een section aangemaakt met behulp van
$wp_customize->add_section.

Het bevat twee parameters: een unieke **id** en een **array** met daarin een
title, **description** en **priority** (volgorde in customizer menu).

Met `$wp_customize->add_setting` zijn er twee settings gemaakt met een unieke id `show_footer_text` en `footer_text_textbox`.

Met `$wp_customize->controls` worden elementen zoals een checkbox en tekstveld toegevoegd aan de bijbehorende settings.

In dit geval wordt geen gebruik gemaakt van *Panels* objecten.

Ga naar **Dashboard > Weergave > Customizer.**
Vanuit je customizer is te zien dat de nieuwe opties zichtbaar zijn.

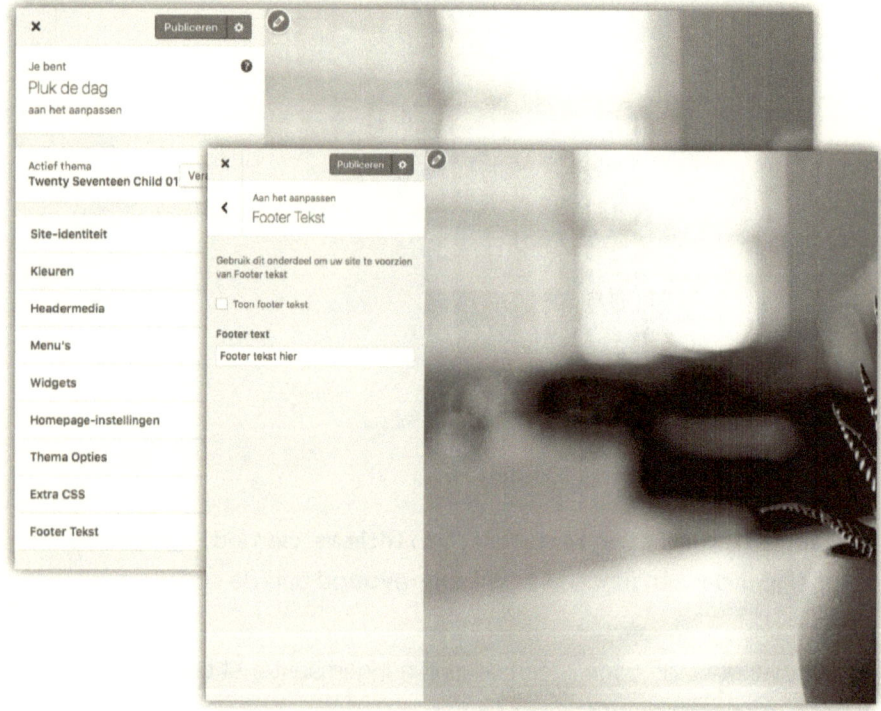

Er moet nog één bestand aangepast worden waardoor het resultaat ook te zien is in het theme.

Extra code in een theme-bestand
Ga naar **template-parts > footer**.
Open het bestand **site-info.php**.

In dit bestand vervang je de inhoud van het gehele **<div>** element.

Het eindresultaat ziet er zo uit:

```php
<?php
/**
 * Displays footer site info
 *
 * @package WordPress
 * @subpackage Twenty_Seventeen
 * @since 1.0
 * @version 1.0
 */
?>
<div class="site-info">
    <?php if (get_theme_mod('show_footer_text') == '1')
    {
        echo get_theme_mod('footer_text_textbox', 'No footer text added as yet.');
    }
    ?>
</div><!-- .site-info -->
```

In de bovenstaande code worden de settings ingeladen met behulp van **get_theme_mod**. Als de checkbox niet is ingeschakeld, geeft de functie een lege waarde terug.

Als de checkbox is geactiveerd vanuit de customizer, wordt de waarde van **footer_text_textbox** (tekst in het tekstveld) weergegeven in de footer.

Sla het bestand op en bekijk de Customizer. Ga naar **Footer tekst** om de footer tekst in te vullen. Met behulp van een Live Preview zie je direct het resultaat. Klik daarna op de knop **Publiceren**.

Live Preview

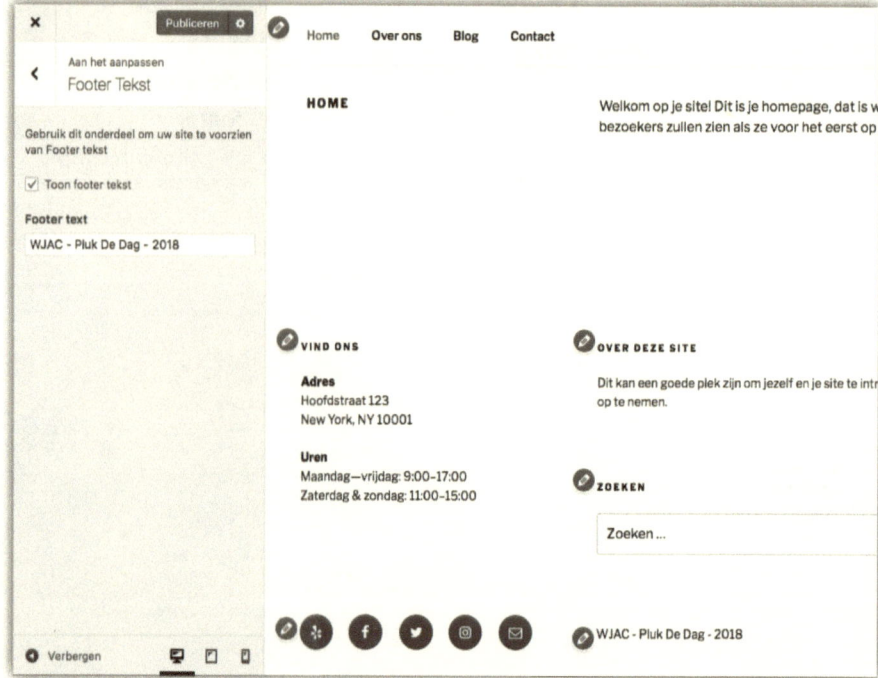

In het parent theme Twenty Seventeen is **Live Preview** in de customizer geactiveerd. Vandaar dat we in het child theme meteen respons krijgen nadat er tekst in de footer is ingevoerd. Indien je een eigen theme maakt of *Live Preview* is niet aanwezig in een theme dan kun je de onderstaande code toevoegen in functions.php.

```
// voor live preview voor in het geval dit niet aanwezig is.
function childtheme_customizer_live_preview() {
    wp_enqueue_script(
        'child-themecustomizer',
        get_stylesheet_directory_uri().'/child-theme-customizer.js',
        array( 'jquery','customize-preview' ),
        '1.0',
        true
    );
}
add_action( 'customize_preview_init', 'childtheme_customizer_live_preview' );
```

In de code is een verwijzing opgenomen naar een JS-bestand.
Maak een nieuw bestand aan. Noem dit **child-theme-customizer.js**.
Plaats de onderstaande code en sla het bestand op in het childtheme.

```
( function( $ ) {
    wp.customize( 'footer_text_textbox', function( value ) {
        value.bind( function( to ) {
            $( '.site-info' ).text( to );
        } );
    } );
})( jQuery );
```

In de code is de Setting **footer_text_textbox** (tekstveld) en CSS Class `.site-info` opgenomen.

Meer info: *https://developer.wordpress.org/themes/customize-api*.

WORDPRESS - Onder De Motorkap

HOOKS

In de vorige hoofdstukken hebben we veelvuldig gebruik gemaakt van Hooks. Hooks is een term bedacht door WordPress om Plugins of zelf geschreven functions te koppelen aan het systeem. Het voordeel daarvan is dat je het Core systeem met rust laat. Dit betekend dat na een systeem update de plugins of hooks actief blijven. Hooks zijn functions die worden toegepast met behulp van **Actions** of **Filters**.

Actions wordt uitgevoerd wanneer een bepaalde gebeurtenis plaatsvindt.

Filters geeft de mogelijkheid om bestaande functions aan te passen of te vervangen.

Met een Hook haak je als het ware een nieuwe function aan een bestaande function. Je voegt iets toe of je vervangt dit in zijn geheel.

Voorbeeld, **toevoegen** (hoofdstuk Theme Customizer):

```
add_action( 'customize_register', 'childheme_customize_register' );
```

Zorgt ervoor dat de function `childtheme_customize_register` wordt toegevoegd aan een bestaande function `customize_register`.

Voorbeeld, **vervangen** (hoofdstuk Link Verder Lezen aanpassen ...):

```
add_filter( 'the_content_more_link', 'modify_read_more_link' );
```

Zorgt ervoor dat een bestaande function `the_content_more_link` wordt vervangen door een nieuwe function `modify_read_more_link`. Bij Actions en Filters zijn de parameters hetzelfde.

Met een Hook kun je eenvoudig het core systeem of theme aanpassen.

Voordelen

- Je kunt bijna alles in WordPress aanpassen. Veel kern-functies van WordPress gebruiken Actions en Filters.
- Heb je eenmaal een function begrepen dan is het relatief eenvoudig om zelf wijzigingen aan te brengen.
- Je kunt direct code toevoegen in plaats van moeilijk doen met HTML en CSS.
- Wijzigingen zijn eenvoudig te maken en daardoor snel resultaat.
- Code is toegankelijk, wordt meestal in functions.php opgenomen.
- Veel snippet codes zijn online beschikbaar en snel toe te passen.
- Hooks blijven intact na een systeem upgrade.

Zoals je eerder hebt gelezen maken plugins ook gebruik van hooks. Het voordeel van plugins is dat deze niet theme afhankelijk is.

In het hoofdstuk Plugins Maken laat ik zien hoe je met behulp van functions een Plugin kunt maken.

Tip:
Werk altijd met een child theme wanneer je het systeem of theme wijzigt.

Meer info: *https://codex.wordpress.org/Plugin_API*.

WORDPRESS - Onder De Motorkap

DRY METHODE

DRY is een term die gebruikt wordt door developers. Het is een werkwijze die in verschillende frameworks wordt toegepast. Het is een afkorting en staat voor **D**on't **R**epeat **Y**ourself. Deze methode is bedacht om herhaling van codes te voorkomen. Deze manier van werken wordt tegenwoordig toegepast in de nieuwste WordPress thema's.

De DRY methode heeft een aantal voordelen:
- Je hoeft maar één keer een uitvoerende code te schrijven.
- Bij het wijzigen van code hoef je dit alleen maar één keer te doen.
- Hierdoor is code overzichtelijk en snel te vinden.
- Een DRY theme heeft minder code nodig en wordt sneller ingeladen.

In het theme TwentySeventeen is goed te zien hoe deze methode werkt. Vanuit **index.php** wordt verwezen naar specifieke template-bestanden. Dit kunnen Head, Content, Sidebar of Footer bestanden zijn. Deze bestanden zijn te vinden in de **hoofdmap** en de folder **template-parts**.

Om te voorkomen dat het theme-bestand index.php vol staat met code, heeft men dit als het ware in stukjes gehakt en verspreid over verschillende theme-bestanden. In het theme-bestand index.php zijn verwijzingen opgenomen die aangeven waar het specifieke theme-bestand te vinden is.

Op de volgende pagina nemen we een kijkje naar **index.php**.
Te vinden in: **wp-content > themes > twentseventeen**.

```php
<?php
/**
 * The main template file
 *
 * This is the most generic template file in a WordPress theme
 * and one of the two required files for a theme (the other being style.css).
 * It is used to display a page when nothing more specific matches a query.
 * E.g., it puts together the home page when no home.php file exists.
 *
 * @link https://codex.wordpress.org/Template_Hierarchy
 *
 * @package WordPress
 * @subpackage Twenty_Seventeen
 * @since 1.0
 * @version 1.0
 */

get_header(); ?>

<div class="wrap">
    <?php if ( is_home() && ! is_front_page() ) : ?>
        <header class="page-header">
            <h1 class="page-title"><?php single_post_title(); ?></h1>
        </header>
    <?php else : ?>
        <header class="page-header">
            <h2 class="page-title"><?php _e( 'Posts', 'twentyseventeen' ); ?></h2>
        </header>
    <?php endif; ?>

    <div id="primary" class="content-area">
        <main id="main" class="site-main" role="main">

            <?php
            if ( have_posts() ) :

                /* Start the Loop */
                while ( have_posts() ) :
                    the_post();

                    /*
                     * Include the Post-Format-specific template for the content.
                     * If you want to override this in a child theme, then include a file
                     * called content-___.php (where ___ is the Post Format name) and that will be used ins
                     */
                    get_template_part( 'template-parts/post/content', get_post_format() );

                endwhile;

                the_posts_pagination(
                    array(
                        'prev_text'         => twentyseventeen_get_svg( array( 'icon' => 'arrow-left' ) )
                            . __( 'Previous page', 'twentyseventeen' ) . '</span>',
                        'next_text'         => '<span class="screen-reader-text">' . __( 'Next page', 'twe
                            twentyseventeen_get_svg( array( 'icon' => 'arrow-right' ) ),
                        'before_page_number' => '<span class="meta-nav screen-reader-text">' . __( 'Page',
                    )
                );

            else :

                get_template_part( 'template-parts/post/content', 'none' );

            endif;
            ?>

        </main><!-- #main -->
    </div><!-- #primary -->
    <?php get_sidebar(); ?>
</div><!-- .wrap -->

<?php
get_footer();
```

Er zijn er verwijzingen opgenomen in dit bestand. Als de DRY methode niet is toegepast dan is index.php aangevuld met code afkomstig van de onderstaande bestanden. Door code te verdelen in verschillende themebestanden is het bestand overzichtelijk geworden.

get_header(); verwijst naar **header.php**
get_sidebar(); verwijst naar **sidebar.php**
get_footer(); verwijst naar **footer.php**

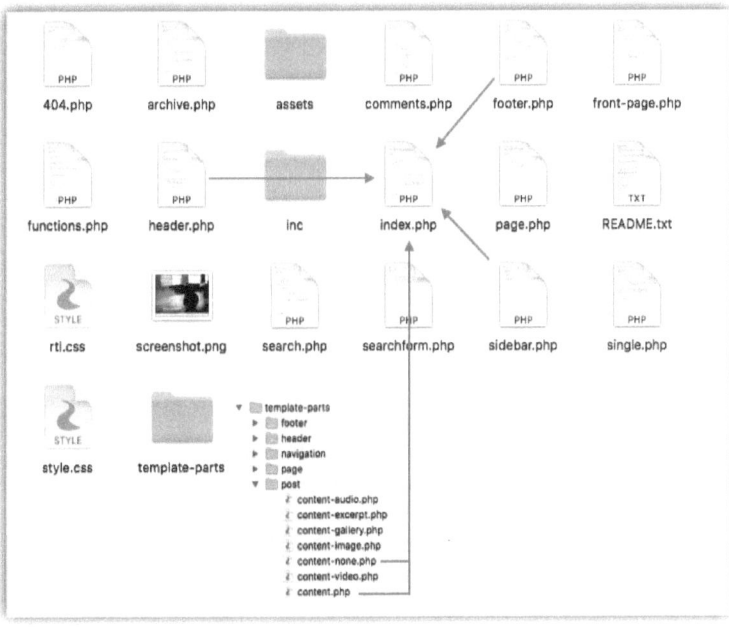

Verder zien we in The Loop een verwijzing naar:
`get_template_part( 'template-parts/post/content', get_post_format() );`
Deze verwijst naar **template-parts > post > content.php**.

`get_template_part( 'template-parts/post/content', 'none' );`
Deze verwijst naar **template-parts > post > content-none.php**.

We gaan deze methode praktisch toepassen in het volgende hoofdstuk.

WORDPRESS - Onder De Motorkap

SJABLOON MAKEN

In dit hoofdstuk gaan we een sjabloon maken met behulp van de DRY methode. Sommige thema's zijn voorzien van **sjablonen**. Dit is handig wanneer je binnen een standaard opmaak de indeling wilt veranderen. Wil je een pagina **met** of **zonder zijbalk** dan kan dit met **Pagina-attributen**. Bij **Template** kies je voor **Pagina in volledige breedte**.

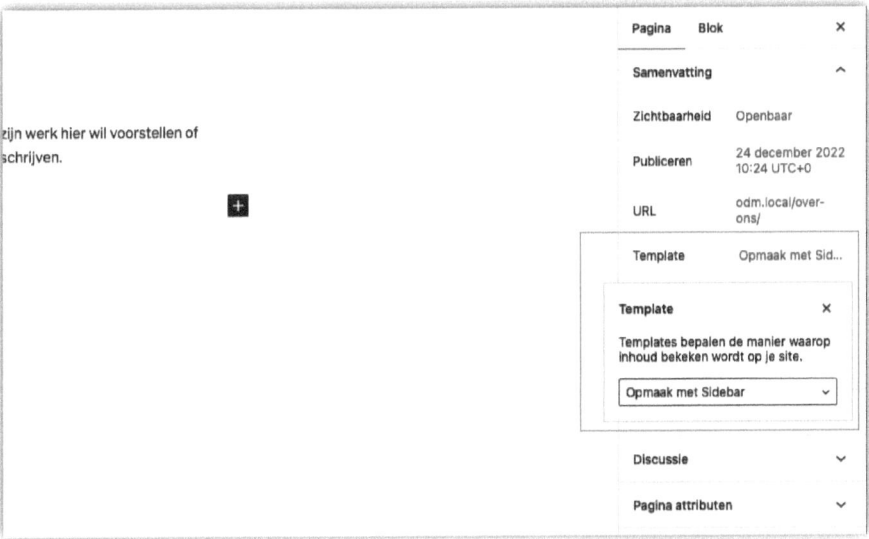

Binnen een theme kun je beschikken over verschillende sjablonen. In de meeste thema's heb je de mogelijkheid om gebruik te maken van een opmaak **met** of **zonder zijbalk**. Soms kan gekozen worden voor een **HomePage** sjabloon. Dit ziet er anders uit dan de rest van de site. Een homepage bevat bijvoorbeeld een slider of banner. Een vervolgpagina maakt gebruik van een standaard opmaak.

> wp-books.com/odm/bestanden
> Bestand: **sjabloon**

We gaan uit van het laatst gemaakte child theme, namelijk *twentyseventeen-child*. Dit theme beschikt niet over een sjabloon. Onder *Pagina-attributen* is dit dan ook niet te zien. Standaard zien we bij Berichten een sidebar. Dit is geen Bericht-attribuut, maar dit is wat de webdesigner voor dit theme heeft bedacht.

index.php

Ga naar het parent theme. Kopieer **index.php**. Plak dit bestand in je child theme. Noem dit **sjabloon-sidebar.php**. Open dit bestand.

```php
<?php
/**
 * Template Name: Opmaak met Sidebar
 */

get_header(); ?>
```

Helemaal boven in dit document ga je een stukje code aanpassen. Hiermee wordt het bestand herkend als een Template/Sjabloon.

The Loop aanpassen

The Loop kijkt naar Berichten in de database. Aangezien we een Pagina sjabloon maken, kunnen we wat onderdelen van The Loop verwijderen.

De `while ( have_posts() ) : the_post();` loop is het onderdeel dat we nodig hebben. De rest van The Loop mag worden verwijdert. (Zie hoofdstuk WordPress PHP - *Loop*)
Daarnaast wordt aangegeven dat een bestand moet worden ingeladen.
`get_template_part( 'template-parts/page/content', 'sidebar');`
Dit is een verwijzing naar: **template-parts > page > content-sidebar.php**.
Het eindresultaat ziet er als volgt uit:

```php
<?php
/**
 * Template Name: Opmaak met Sidebar
 */

get_header(); ?>

<div class="wrap">

    <div id="primary" class="content-area">
        <main id="main" class="site-main" role="main">

            <?php
                /* Start the Loop */
                while ( have_posts() ) :
                    the_post();

                    /*
                     * Include the Post-Format-specific template for the content.
                     * If you want to override this in a child theme, then include a file
                     * called content-___.php (where ___ is the Post Format name) and that will be used
                     */
                    get_template_part( 'template-parts/page/content', 'sidebar',get_post_format() );

                endwhile;
            ?>

        </main><!-- #main -->
    </div><!-- #primary -->

</div><!-- .wrap -->

<?php
get_footer();
```

functions.php

Open functions.php van het child theme. Plaats daarin de onderstaande code. Met de function **extra_sidebar()** hebben we een vierde sidebar gemaakt en geHOOKed aan **widgets_init**.

```php
function extra_sidebar() {
    register_sidebar(
        array(
            'name'          => __( 'Extra Sidebar', 'twentyseventeen' ),
            'id'            => 'sidebar-4',
            'description'   => __( 'Add widgets here to appear in your footer.', 'twentyseventeen' ),
            'before_widget' => '<section id="%1$s" class="widget %2$s">',
            'after_widget'  => '</section>',
            'before_title'  => '<h2 class="widget-title">',
            'after_title'   => '</h2>',
        )
    );
}
add_action( 'widgets_init', 'extra_sidebar' );
```

Kijken we naar functions.php van het parent theme dan zien we dat er al drie sidebars zijn gemaakt. Voor het sjabloon gebruiken we sidebar nr. 4.

content-sidebar.php

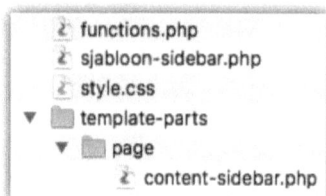

Ga naar het parent theme **template-parts > page**. Kopieer **content-page.php**.
Maak in jouw child theme de folders **template-parts > page** aan.

In de folder *page* plak je het bestand *content-page.php* en hernoem dit **content-sidebar.php**.

Open het bestand **content-sidebar.php** en voeg extra code toe:
`<?php dynamic_sidebar( 'sidebar-4' ); ?>` Sla het bestand op.

```
<header class="entry-header">
    <?php the_title( '<h1 class="entry-title">', '</h1>' ); ?>
    <?php twentyseventeen_edit_link( get_the_ID() ); ?>
    <!-- EXTRA SIDEBAR -->
    <?php dynamic_sidebar( 'sidebar-4' ); ?>
</header><!-- .entry-header -->
```

Sjabloon instellen en widgets toepassen

Ga naar **Dashboard > Pagina's**. Bewerk een Pagina.

Bij **Template** is het onderdeel **Opmaak met Sidebar** geactiveerd.

Sjabloon bestand *sjabloon-sidebar.php* is herkend.

Selecteer **Opmaak met Sidebar**. Klik daarna op **Bijwerken**.

Ga naar **Dashboard > Weergave > Widgets**.

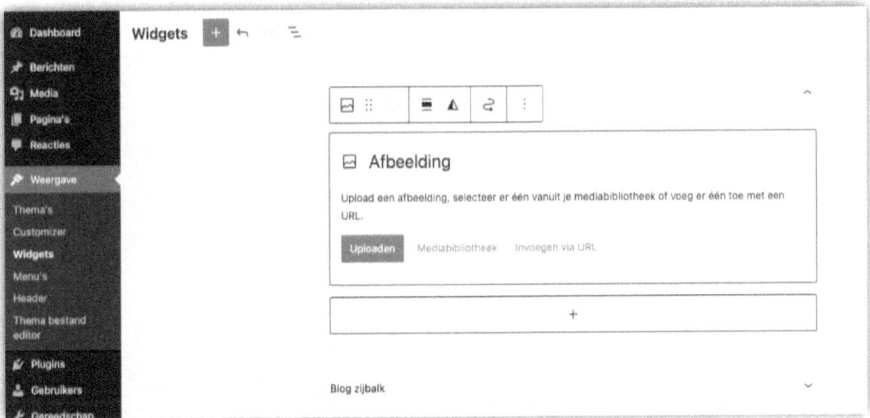

Plaats het blok **afbeelding** in **Extra Sidebar**. Bekijk de site.

Door een aantal bestanden te kopiëren en te wijzigen, en daarna een functie aan te maken en wat verwijzingen aan te passen, heb je zonder al te veel aan code een sjabloon weten te maken.

SHORTCODE

In WordPress heb je vast en zeker gebruik gemaakt van plugins met Shortcode. Met shortcode [...] is het eenvoudig om b.v. een fotogalerij of formulier in een bericht of pagina op te nemen. Dit kan ook zonder plugin.

> **wp-books.com/odm/bestanden**
> Bestand: **shortcode** ⬇

Shortcode function

Een function wordt in **functions.php** van jouw child theme opgenomen:

```
function hebban_function() {
  return '<h2>Hebban olla uogala nestas hagunnan hinase hic anda thu uuat unbidan uue nu</h2>';
}
add_shortcode('hebban', 'hebban_function');
```

hebban_function() {inhoud;} - Function-naam met inhoud.
add_shortcode('naam', 'function-naam') - Koppeling shortcode-naam en function-naam.

Neem daarna de shortcode **[hebban]** in *Bericht* of *Pagina* op.
Bekijk de site.

Het is dus vrij eenvoudig om een shortcode te maken. Een shortcode function kan bestaan uit tekst, maar kan net zo goed een URL- of een stukje jQuery-code kunnen zijn.

Shortcode uitbreiden

We gaan een nieuwe function maken. In plaats van tekst gaan we een social media link maken. Een gebruiker kan met deze shortcode diverse social media links genereren.

```
// shortcode 2, social media links
function socialmedia_link_att($atts, $content = null) {
    $default = array(
        'link' => '',
    );
    $a = shortcode_atts($default, $atts);
    $content = do_shortcode($content);

    return 'Volg ons op <a href="'. $a['link'] .'"style="color: purple">' . $content.'</a>';
}
add_shortcode('volg_ons', 'socialmedia_link_att');
```

Er zijn twee parameters aan de function **socialmedia_link_att** toegevoegd. **&content** en een **array** met daarin een **link**. (hoofdstuk PHP - Array) **link** genereert een URL. **&content** genereert een link-tekst.

In shortcode zorgen we ervoor dat de twee parameters, *volg_ons* en *link* worden toegepast.

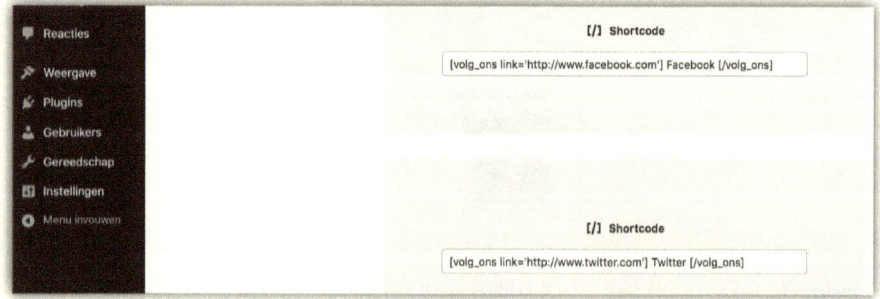

[volg_ons link='http://www.link.nl'] content [/volg_ons].

Hierboven het eindresultaat.

Meer info:
https://codex.wordpress.org/Shortcode_API.

Een shortcode maken kan met behulp van function.php. In dit geval is het theme afhankelijk. Na een theme wisseling zal deze function verdwijnen.

Als je wilt dat dit theme-onafhankelijk wordt, dan kun je van deze function een plugin maken.

In het volgende hoofdstuk laat ik zien hoe je dit kunt doen.

Shortcode Plugin

Ga naar **wp-content > plugins**. Maak een folder aan met de naam **socialmedia-link**.

Maak vervolgens een nieuw PHP-bestand aan met de naam **socialmedia_link.php**.

Begin bovenaan het bestand met een PHP-declaratie **<?php** .

```
<?php
/*
Plugin Name: Shortcodes social media link
Plugin URI: http://wjac.nl
Description: Basic plugin for social media shortcodes
Version: 1.0
Author: WJAC
Author URI: http://wjac.nl
License: GPL2
*/
```

Plaats daaronder de plug-in informatie die later in het dashboard te zien zal zijn en neem de bovenstaande informatie over.

Kopieer de shortcode functions in **functions.php** en plak dit in het plugin bestand **socialmedia_link.php** direct onder de beschrijving.

Let op: VERWIJDER daarna de shortcode functions uit functions.php.

Sluit daarna de PHP-declaratie af met **?>** .

Het eindresultaat ziet er als volgt uit:

```php
<?php
/*
Plugin Name: Shortcodes social media link
Plugin URI: http://wjac.nl
Description: Basic plugin for social media shortcodes
Version: 1.0
Author: WJAC
Author URI: http://wjac.nl
License: GPL2
*/

// shortcode 1
function hebban_function() {
  return '<h2>Hebban olla uogala nestas hagunnan hinase hic anda thu uuat unbidan uue nu</h2>';
}
add_shortcode('hebban', 'hebban_function');

// shortcode 2, social media links
function socialmedia_link_att($atts, $content = null) {
    $default = array(
        'link' => '',
    );
    $a = shortcode_atts($default, $atts);
    $content = do_shortcode($content);

    return 'Follow us on <a href="' . $a['link'] . '"style="color: purple">' . $content.'</a>';
}
add_shortcode('subscribe', 'socialmedia_link_att');

?>
```

Ga daarna naar **Dashboard > Plugins**.

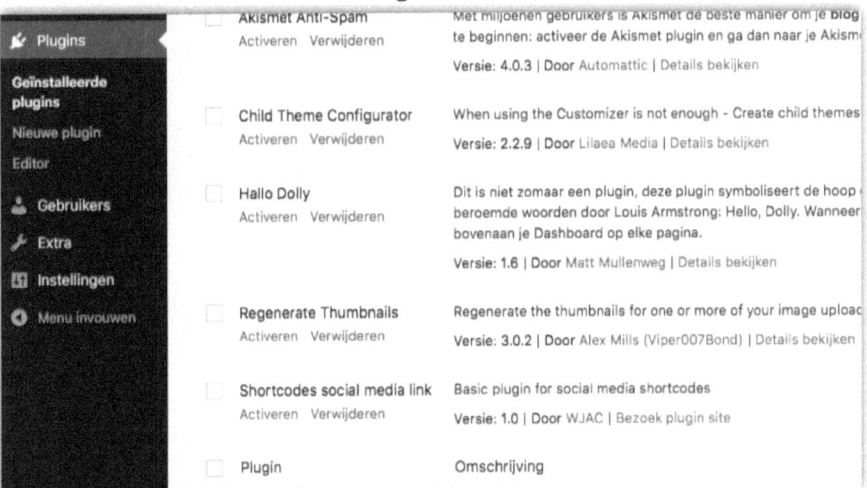

Zoals je ziet is de plugin geïnstalleerd. Klik op **Activeren**.

Verander van thema om te zien of je shortcode-functie thema-onafhankelijk is geworden. Hieronder zie je het resultaat in het TwentySixteen-thema.

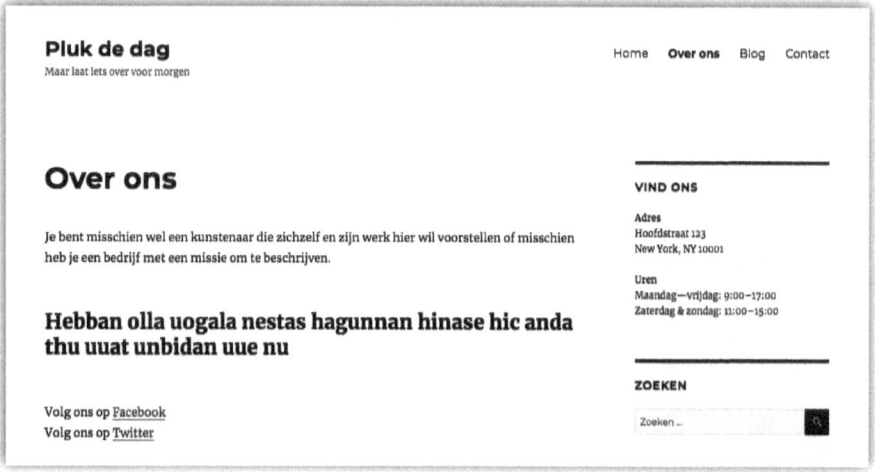

In dit hoofdstuk heb je geleerd hoe je van een functie een plug-in kunt maken, waardoor deze thema-onafhankelijk wordt.

In het volgende hoofdstuk leer je meer over plug-ins.

PLUGIN MAKEN

Mede dankzij de vele diverse plugins is WordPress een enorm succes geworden. Met behulp van plugins kun je meer functionaliteit toevoegen aan een WordPress-site die theme-onafhankelijk is. Een gebruiker heeft geen PHP-kennis nodig om functionaliteit toe te voegen, het is plug-and-play.

In het vorige hoofdstuk heb ik laten zien hoe eenvoudig het is om van een custom function een plugin te maken. Nu je weet hoe dit principe werkt, waarom zou je dan niet van alle custom functions een plugin maken? Mijn advies is om zowel custom functions als plugins te gebruiken.

Custom Functions gebruik je voor:
- Het aanpassen van een layout.
- Het toevoegen van templates/sjablonen met extra functionaliteit.
- Het toevoegen van JavaScript.
- Het toevoegen van theme afhankelijke functionaliteit.
- Het toevoegen van functionaliteit met weinig code.

Plugins gebruik je voor:
- Functions die vaak worden toegepast.
- Het toevoegen van theme onafhankelijke functionaliteit.
- Het toevoegen van tracking-codes b.v. Google Analytics.
- Gebruik door derden (non techies).
- Het toevoeging van functionaliteit met veel codes.

Gebruik je gezond verstand en vraag jezelf af of je bepaalde functions direct wilt gebruiken of in de vorm van een plugin.

Google Analytics met tracking ID code

In het hoofdstuk 'Praktische functions - Google Analytics code' heb je het script direct in functions.php geplaatst en de tracking code, bijvoorbeeld 'UA-12345678-1', heb je zelf in het script verwerkt.

Nu gaan we een plugin maken die je kunt gebruiken voor diverse projecten. Het is niet afhankelijk van het thema. Het wordt een plugin waarmee het gehele script in het systeem wordt geïntegreerd. Een gebruiker kan daarna vanuit het dashboard de tracking code zelf invoeren.

Om dit te maken moet je de volgende stappen doorlopen:

1. Plugin folder en PHP-bestand.
2. Hooks gebruiken.
3. Input code.
4. Output code.
5. Google Analytics code.
6. Silence is golden.
7. Uninstall.php.
8. Plugin vertalen.

De bestanden zijn via het onderstaand adres te downloaden:

> wp-books.com/odm/bestanden
> Bestand: **plugin_maken**

Stap 1 - Plugin folder en PHP-bestand

Ga naar **wp-content > plugins** en maak een nieuwe map aan genaamd **google-analytics-id-code**. Maak vervolgens een nieuw PHP-bestand aan. Plaats bovenaan een PHP-declaratie met **<?php**.

```php
<?php
/*
Plugin Name: Google Analytics Tracking ID Code
Plugin URI: http://wjac.nl
Description: Basic plugin for Google Analytics Tracking ID Code
Version: 1.0
Author: WJAC
Author URI: http://wjac.nl
License: GPL2
*/
```

Voeg daarna de plugininformatie toe, zoals hierboven weergegeven. Sla het bestand op met de naam **insert-tracking-code.php**. Vergeet niet om, nadat er meer code aan het bestand is toegevoegd, de PHP-code te sluiten met **?>**. In de laatste stap zal ik dit nogmaals vermelden.

Stap 2 - Hooks gebruiken

Onder plugin informatie plaats je code waarmee een gebruiker direct naar de plugin instellingen wordt geleid.

```php
// Settings-link vanuit Dashboard > Plugins
add_filter( 'plugin_action_links_' . plugin_basename(__FILE__), 'gatc_add_settings_link' );

function gatc_add_settings_link( $links ) {
    $links[] = '<a href="' . admin_url() . 'options-general.php?page=insert-tracking-code.ph
    return $links;
}
```

Vanuit het dashboard krijg je naast Deactiveren | **Settings** te zien.

Met **Settings** wordt een gebruiker naar de settings-pagina gestuurd.

Stap 3 - Input code

Plaats code waarmee een submenu wordt aangemaakt in het dashboard.

```
// Dashboard - Input Dashboard Menu Settings en Instellingen
add_action( 'admin_menu', 'gatc_add_option' );

function gatc_add_option() {
    //add_options_page( page_title, menu_title, capability, menu_slug, function)
    add_options_page( 'Google Analytics', 'Google Analytics', 'manage_options', 'insert-tracki
}
```

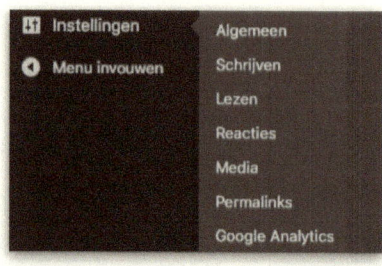

Met **admin_menu** wordt in het menu onderdeel **Instellingen** een submenu met als **menu_title** **Google Analytics** aangemaakt.

De onderstaande code genereert het formulier te zien in het scherm **Google Analytics Settings**.

```
// tekstveld in dashboard
function gatc_admin_input() {
    ?>
    <div class="wrap">
        <?php  $html .= '<h2>Google Analytics Settings</h2>'; echo $html;?>
        <form method="post" action="options.php">
            <?php settings_fields( 'gatc_settings' ); ?>
            <?php do_settings_sections( 'gatc_section' ); ?>
            <?php submit_button( 'Save Tracking ID' ); ?>
        </form>
    </div>
    <?php
}
```

options.php in het formulier zorgt voor de verwerking van informatie. Hieronder is te zien wat er in het dashboard wordt vertoond.

In de onderstaande code worden verschillende onderdelen geactiveerd.

```
add_action( 'admin_init', 'gatc_admin_init' );
function gatc_admin_init() {
   register_setting(
      'gatc_settings', // Settings Group Name
      'gatc_tracking_code', // Settings Array Name
      'gatc_input_sanitize' // Sanitize Function Name
   );
   add_settings_section(
      'gatc_main_section', // Section ID
      'Enter your Google Analytics Tracking ID for this website', // Section Title
      'gatc_section_text', // Section function name
      'gatc_section' // Page to display section
   );
}
function gatc_section_text() {
   $html .= '<b>Tracking Code:</b> ';
   $html .= '<input type="text" id="gatc_tracking_code_input" name="gatc_tracking_code" value="' . esc_attr( g
      '" />';
   $html .= '</p>';
   $html .= '</fieldset>';

   echo $html;
}
```

Het onderdeel **get_option('gatc_tracking_code')** is het onderdeel waar de tracking code wordt ingevoerd. Dit is de functie die we in het Google Analytics Script nodig hebben.

```
// Checks for invalid UTF-8, Converts single characters to entities, Removes line breaks, tabs
function gatc_input_sanitize( $input ) {
   $input = sanitize_text_field( $input );
   return $input;
}
```

De bovenstaande code zorgt ervoor dat wat in het tekstveld is ingevoerd "schoon" wordt gemaakt. Oftewel geschikt wordt gemaakt voor de output.

Stap 4 - Output code

De onderstaande code zorgt ervoor dat de function geHOOKED wordt in de **<head>** van het theme.

```
// Output Google Analytics Script en Tracking Code -------------------------
add_action( 'wp_head', function()
{
?>
```

De PHP-declaratie wordt afgesloten **?>** . Het maakt ruimte voor het **<script>** dat later in de **<head>** van het theme wordt opgenomen.

Stap 5 - Google Analytics code

Daarna plaats je het Google Analytics Script welke je al eerder hebt gebruikt in het hoofdstuk Google Analytics toevoegen.

```
<script>
(function(i,s,o,g,r,a,m){i['GoogleAnalyticsObject']=r;i[r]=i[r]||function(){
(i[r].q=i[r].q||[]).push(arguments)},i[r].l=1*new Date();a=s.createElement(o),
m=s.getElementsByTagName(o)[0];a.async=1;a.src=g;m.parentNode.insertBefore(a,m)
})(window,document,'script','https://www.google-analytics.com/analytics.js','ga');
//ga('create', 'UA-00000000-1', 'auto');
ga('create', '<?php echo get_option('gatc_tracking_code') ?>', 'auto');
ga('send', 'pageview');
</script>

<?php } );

?>
```

Zoals je ziet, is de tracking code vervangen door een function:
<?php echo get_option('gatc_tracking_code') ?>

Na het script wordt een nieuwe PHP **<?php** declaratie aangemaakt. De **add_action** wordt afgesloten met **}** **)** **;** daarna met **?>**.

Meer info: *https://developer.wordpress.org/plugins*.
https://codex.wordpress.org/Adding_Administration_Menus.

Volledige code

```php
<?php
/*
Plugin Name: Google Analytics Tracking ID Code
Plugin URI: http://wjac.nl
Description: Basic plugin for Google Analytics Tracking ID Code
Version: 1.0
Author: WJAC
Author URI: http://wjac.nl
License: GPL2
*/

// Settings-link vanuit Dashboard > Plugins
add_filter( 'plugin_action_links_' . plugin_basename(__FILE__), 'gatc_add_settings_link' );

function gatc_add_settings_link( $links ) {
    $links[] = '<a href="' . admin_url() . 'options-general.php?page=insert-tracking-code.php">Settings</a>';
    return $links;
}

// Dashboard - Input Dashboard Menu Settings en Instellingen
add_action( 'admin_menu', 'gatc_add_option' );

function gatc_add_option() {
    //add_options_page( page_title, menu_title, capability, menu_slug, function)
    add_options_page( 'Google Analytics', 'Google Analytics', 'manage_options', 'insert-tracking-code.php', 'gatc_admin_input' );
}
// tekstveld in dashboard
function gatc_admin_input() {
?>
    <div class="wrap">
        <?php $html .= '<h2>Google Analytics Settings</h2>'; echo $html;?>
        <form method="post" action="options.php">
            <?php settings_fields( 'gatc_settings' ); ?>
            <?php do_settings_sections( 'gatc_section' ); ?>
            <?php submit_button( 'Save Tracking ID' ); ?>
        </form>
    </div>
<?php
}

add_action( 'admin_init', 'gatc_admin_init' );

function gatc_admin_init() {
    register_setting(
        'gatc_settings',   // Settings Group Name
        'gatc_tracking_code',  // Settings Array Name
        'gatc_input_sanitize'  // Sanitize Function Name
    );
    add_settings_section(
        'gatc_main_section', // Section ID
        'Enter your Google Analytics Tracking ID for this website', // Section Title
        'gatc_section_text', // Section function name
        'gatc_section'  // Page to display section
    );
}

function gatc_section_text() {
    $html .= '<b>Tracking Code:</b> ';
    $html .= '<input type="text" id="gatc_tracking_code_input" name="gatc_tracking_code" value="' . esc_attr( get_option('gatc_tr
'" />';
    $html .= '</p>';
    $html .= '</fieldset>';

    echo $html;
}
// Checks for invalid UTF-8, Converts single characters to entities, Removes line breaks, tabs, and extra whitespace, etc
function gatc_input_sanitize( $input ) {
    $input = sanitize_text_field( $input );
    return $input;
}

// Output Google Analytics Script en Tracking Code -----------------------------------------------------------
add_action( 'wp_head', function()
{
?>
<script>
(function(i,s,o,g,r,a,m){i['GoogleAnalyticsObject']=r;i[r]=i[r]||function(){
(i[r].q=i[r].q||[]).push(arguments)},i[r].l=1*new Date();a=s.createElement(o),
m=s.getElementsByTagName(o)[0];a.async=1;a.src=g;m.parentNode.insertBefore(a,m)
})(window,document,'script','https://www.google-analytics.com/analytics.js','ga');
//ga('create', 'UA-00000000-1', 'auto');
ga('create', '<?php echo get_option('gatc_tracking_code') ?>', 'auto');
ga('send', 'pageview');
</script>

<?php } );
?>
```

Stap 6 - Silence is golden

Je plugin is klaar en kan getest worden. Maar wil je het project goed afsluiten en de plugin beschikbaar maken voor anderen, bijvoorbeeld via WordPress.org, dan is het aan te bevelen om een **index.php** bestand in de plugin-folder (en evt. subfolders) te plaatsen. Maak een PHP-bestand aan en plaats daarin de volgende code:

```php
<?php // Silence is golden
```

Sla het bestand op als **index.php** in de root van je plugin folder. Heb je subfolders, plaats dan in deze folders hetzelfde bestand.

Met behulp van deze methode is de plugin-folder beschermd. Een hacker kan niet meer de inhoud van de folder achterhalen.

Een andere methode om folders in WordPress te beveiligen, is met behulp van een **.htacces** bestand of via **wp-config.php**.

Een ander bestand die je kunt toevoegen is **licence.txt**, GNU GENERAL PUBLIC LICENSE en **readme.txt**. Deze bestanden kun je lenen van bestaande plugins. En aanpassen waar nodig is. De twee bestanden zijn verplicht wanneer je de plugin beschikbaar stelt via wordpress.org.

Stap 7 - uninstall.php

Als je het systeem schoon wilt houden nadat de plugin is verwijderd, plaats dan een **uninstall.php** bestand in de plugin-folder. Je kunt dit bestand vast en zeker vinden in andere plugin-folders. Plaats een kopie in jouw eigen folder en pas de code aan waar nodig.

```php
<?php
/**
 * Fired when the plugin is uninstalled.
 *
 * When populating this file, consider the following flow
 * of control:
 *
 * - This method should be static
 * - Check if the $_REQUEST content actually is the plugin name
 * - Run an admin referrer check to make sure it goes through authentication
 * - Verify the output of $_GET makes sense
 * - Repeat with other user roles. Best directly by using the links/query string parameters.
 * - Repeat things for multisite. Once for a single site in the network, once sitewide.
 *
 * @link      http://wjac.nl
 * @since     1.0
 *
 * @package   google-analytics-id-code
 */

// If uninstall not called from WordPress, then exit.
if ( ! defined( 'WP_UNINSTALL_PLUGIN' ) ) {
    exit;
}

$myoption_name = 'gatc_tracking_code'; // naam in de database
// Delete option from wp_options
delete_option( $myoption_name );

// Drop table from database
global $wpdb;
$wpdb->query( "DROP TABLE IF EXISTS {$wpdb->prefix}mytablename" );

?>
```

Als de plugin is gedeactiveerd en verwijderd, zal de bovenstaande code alle plugin-data uit de cache en database verwijderen. Dit is belangrijk om ervoor te zorgen dat er geen onnodige data achterblijft op het systeem.
Meer info: developer.wordpress.org/plugins/the-basics/uninstall-methods
Meer info plugins: developer.wordpress.org/plugins/intro

In het volgende hoofdstuk gaan we de plugin vertalen.

WORDPRESS - Onder De Motorkap

PLUGIN VERTALEN

We hebben in het vorige hoofdstuk een plugin gemaakt. Deze plugin is alleen beschikbaar in het Engels. Wil je een plugin in twee talen aanbieden, dan moet je de plugin-folder uitbreiden. Engels is de standaardtaal die voor thema's en plugins wordt gebruikt.

Open **insert-tracking-code.php**. In dit bestand moet worden aangegeven welke tekst vertaald moet worden. De function die je daarvoor kan gebruiken is _ _( ) Maar dan achter elkaar. Dit ziet er dan zo uit __( )

1. Er zijn 4 onderdelen die vertaald moeten worden.
   Regel: 33, 37, 53 en 60.

```
__('<h2>Google Analytics Settings</h2>','google-analytics-id-code')
__('Save','google-analytics-id-code')
__('Enter your Google Analytics Tracking ID for this website','google-analytics-id-code')
__('<b>Tracking Code:</b>','google-analytics-id-code')
```

Zoals je ziet wordt de tekst nu omvat door een "vertaal" function __( )
Een extra toevoeging na de tekst is de naam van de plugin-folder.
__('tekst','naam-pluginfolder')

2. Onderaan het bestand voeg je de onderstaande code toe:

```
// voor vertaling
add_action('plugins_loaded', 'gatc_load_textdomain');
function gatc_load_textdomain() {
    load_plugin_textdomain( 'google-analytics-id-code', false, dirname( plugin_basename( __FILE__ ) ) . '/languages/' );
}
?>
```

Dit is een pad naar een folder met de naam *languages*.

3. Plaats in de plugin-folder een nieuwe folder met de naam **languages**.

4. Daarna ga je de plugin **Local Translate** installeren en activeren.

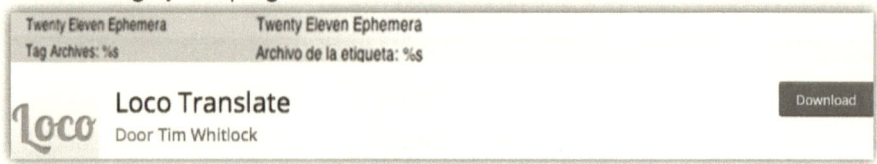

5. Ga naar **Dashboard > Loco Translate > Plugins**.

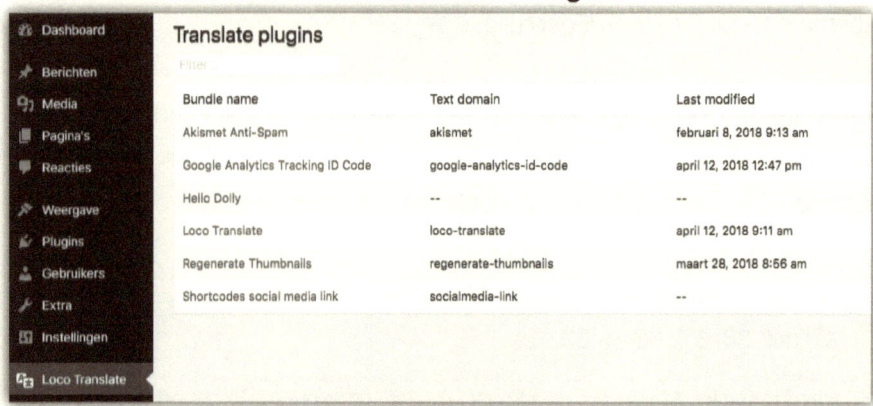

Klik op **Google Analytics Tracking ID Code**.

Vanuit dit nieuwe scherm klik je op **Create template**.

6. Een template file is aangemaakt. Dit is een Engelstalig taalbestand.

Klik daarna op **+New language**.

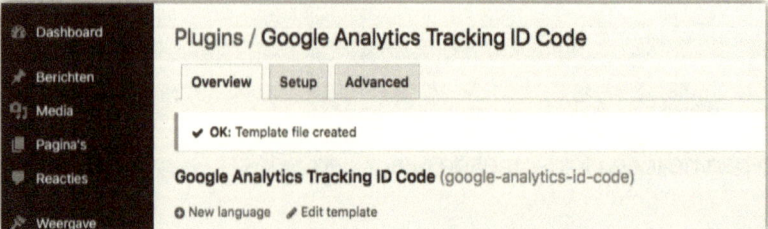

Vanuit het scherm selecteer je een taal en locatie.

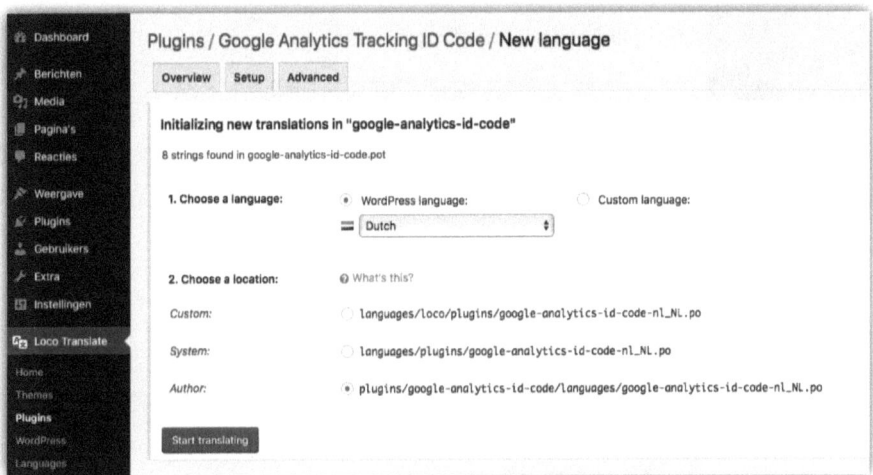

Klik daarna op de knop **Start translating**. Een nieuw scherm verschijnt.

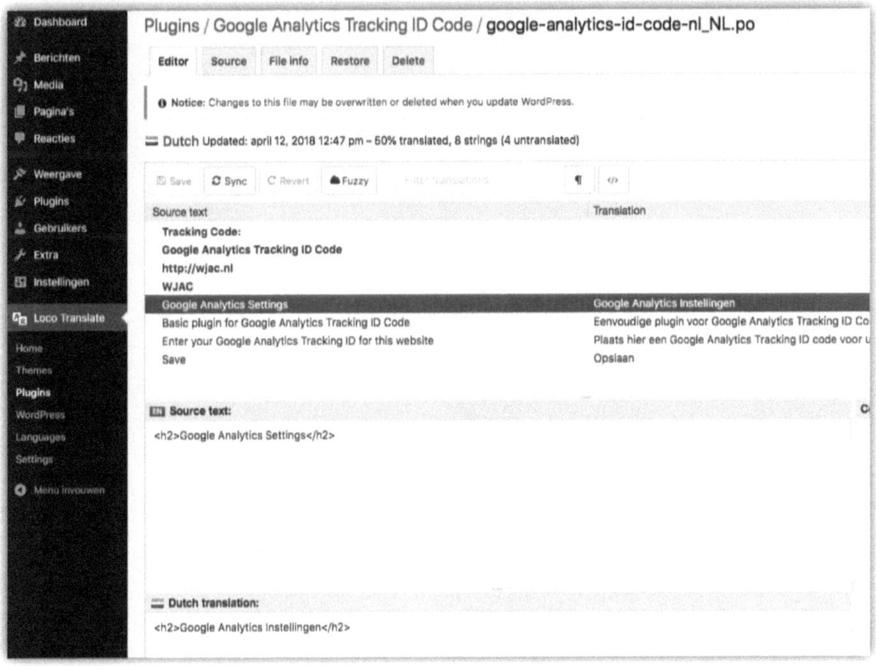

Selecteer tekst om vertaal-tekst in te voeren. Klik daarna op **Opslaan**.

8. Bekijk de plugin pagina.

Na het vertalen mag je de plugin **Loco Translate** verwijderen.

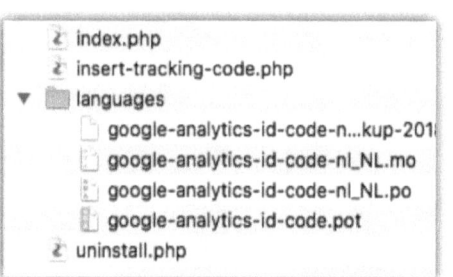

Nu zijn alle taalbestanden opgeslagen in de **languages** folder. Vergeet daarna niet om een index.php bestand in deze folder te plaatsen. Silence is golden.

Theme vertalen

Om een theme te vertalen kun je dezelfde methode hanteren.
Gebruik hiervoor de volgende stappen:

1. Aantal template-bestanden aanpassen met __( ).
   Gebruik hierbij de DRY methode om te achterhalen welke dit zijn.
   Tip: Vergeet functions.php niet, hierin is ook tekst opgenomen.
2. Indien niet aanwezig, folder **languages** aanmaken in de theme folder.
3. Code in functions.php plaatsen, verwijzing naar folder languages:

```
add_action( 'after_setup_theme', 'naam_theme_setup' );
function naam_theme_setup() {
    load_theme_textdomain( 'naam_theme', get_template_directory() . '/languages' );
```

4. Plugin **Loco Translate** installeren en activeren.
5. Ga daarna naar **Dashboard > Loco Translate > Themes**.
6. Klik op een theme die vertaald moet worden en doorloop dezelfde plugin-stappen 5 t.m. 8.
7. Is er al een folder **languages** aanwezig dan is het niet nodig om op **+Create Template** te klikken. Kies dan voor **+New language**.
8. Vertalen.

Meer info: *https://codex.wordpress.org/I18n_for_WordPress_Developers*.

WORDPRESS - **Onder De Motorkap**

WIDGET BLOK PLUGIN MAKEN

Vanaf versie 5.9 is het mogelijk om editor blokken op te nemen in een sidebar of footer. Met een HTML-blok is het zelfs mogelijk om JavaScript en CSS op te nemen. Extra functionaliteit toevoegen kan natuurlijk ook met Shortcodes (zie hoofdstuk Shortcode).

Er is geen widget folder opgenomen in het systeem van WordPress. Een extra editor blok toevoegen kan met behulp van een blok plugin..

In dit hoofdstuk gaan we een blok plugin maken. We gaan hierbij gebruik maken van twee plugins, namelijk **Hello Dolly** van *Matt Mullenweg* en **Random Quotes Generator** van *Grigore Mihai*. Deze zijn te vinden in de plugin directory van WordPress.org.

De plugin **Hello Dolly** genereert een quote van het liedje *Hello Dolly,* zichtbaar aan de bovenkant van het **dashboard**. De plugin **Random Quote Generator** genereert een quote afkomstig uit een onbekende lijst en vertoond dit aan de **voorkant** van een WordPress site.

We gaan wat codes hergebruiken en maken hiermee een nieuwe plugin waarmee een willekeurige Hello Dolly quote aan de voorkant van een website wordt vertoond.

---

wp-books.com/odm/bestanden
Bestand: **widget**

Stap 1 - Widget Plugin maken.

Ga naar **wp-content > plugins**.

Maak een nieuwe folder aan met de naam **hello-dolly-generator**.

Plaats daarin een kopie van het bestand **hello.php** (zie plugin folder *Hello Dolly*). **Verander** de naam naar **hello-dolly-generator.php**.

Open het bestand en pas de herkenningscode aan.

```
 1  <?php
 2  /**
 3   * @package hello_dolly_generator
 4   * @version 1.0
 5   */
 6  /*
 7  Plugin Name: Hello Dolly Generator
 8  Plugin URI: http://w-boeken.nl/odm/bestanden
 9  Description: This is not just a plugin, it symbolizes the hope and enthusiasm
    Armstrong: Hello, Dolly. When activated you will randomly see a lyric from <ci
10  Author: WJAC with thanks to Matt Mullenweg
11  Version: 1.0
12  Author URI: http://wp-boeken.nl/
13  */
```

Stap 2 - Functie-naam aanpassen.

Ga naar regel 15 en pas de functie-naam aan.

```
function hello_dolly_get_lyric() {
    /** These are the lyrics to Hello Dolly */
```

wordt.

```
function random_quotes_generator_dynamic_render_callback( $block_attributes, $content )
    /** These are the lyrics to Hello Dolly */
```

Stap 3 - Code verwijderen.

Verwijder regels 51 t/m 100.

In dit bestand zijn alle quotes en bijbehorende functies opgenomen.

Stap 4 - Code toevoegen.

Ga naar de folder **random-quotes-generator**.
Open het bestand **random-quotes-generator.php**.
Kopieer regel 49 t/m 82.

Ga naar **hello-dolly-generator.php** en **plak** de code vanaf regel 51.

```php
/**
 * Load all translations for our plugin from the MO file.
 */
add_action( 'init', 'random_quotes_generator_load_textdomain' );

function random_quotes_generator_load_textdomain() {
    load_plugin_textdomain( 'random-quotes-generator', false, basename( __DIR__ ) . '/languages' );
}

/**
 * Registers all block assets so that they can be enqueued through Gutenberg in
 * the corresponding context.
 *
 */
function random_quotes_generator_register_block() {

    // automatically load dependencies and version
    $asset_file = include( plugin_dir_path( __FILE__ ) . 'build/index.asset.php');
    wp_register_script(
        'random-quotes-generator',
        plugins_url( 'build/index.js', __FILE__ ),
        $asset_file['dependencies'],
        $asset_file['version']
    );

    register_block_type( 'random-quotes-generator/random-quotes', array(
        'style' => 'random-quotes-generator',
        'editor_script' => 'random-quotes-generator',
        'render_callback' => 'random_quotes_generator_dynamic_render_callback'
    ) );
    if ( function_exists( 'wp_set_script_translations' ) ) {
        wp_set_script_translations( 'random-quotes-generator', 'random-quotes-generator' );
    }

}
add_action( 'init', 'random_quotes_generator_register_block' );
```

Deze code zorgt ervoor dat het onderdeel wordt opgenomen het systeem en doorverwijst naar de benodigde bestanden.

Stap 4 - block.json.

Ga naar folder **random-quotes-generator**.
Kopieer het bestand **block.json**.
Plak dit in de folder **hello-dolly-generator**.
Pas het bestand aan en **verwijder** een aantal regels.

```
1  {
2     "name": "random-quote-generator/random-quote-generator-block",
3     "title": "Random quote generator",
4     "editorScript": "file:./build/index.js",
5     "script": "file:./build/index.js"
6  }
```

Stap 5 - build.

Ga naar folder **random-quotes-generator**.
Kopieer folder **build** en **plak** dit in de folder **hello-dolly-generator**.

Open het bestand **build/index.js** en pas regel 66 en 67 aan.

```
64   Object(u.registerBlockType)("random-quote-generator/random-quote", {
65      title: Object(o.__)("Random quote", "random-quote"),
66      icon: "format-quote",
67      category: "text",
68      edit: function() {
69         return Object(r.createElement)("div", null, Object(r.createElement)("blockquote'
70            class: "random-quote-blockquote"
71         }, Object(r.createElement)("p", null, "'", Object(o.__)("A new random quote wil]
 •         Object(r.createElement)("cite", null, Object(o.__)("Author name", "random-quote'
72      }
73   })
74   }]);
```

Stap 6 - Bekijk de site.

Je bent klaar! **Activeer** de plugin. Het blok **Random quote** is te vinden in de blok editor. Plaats het blok **Random quote** in een **Sidebar**, **Pagina** of **Bericht**.

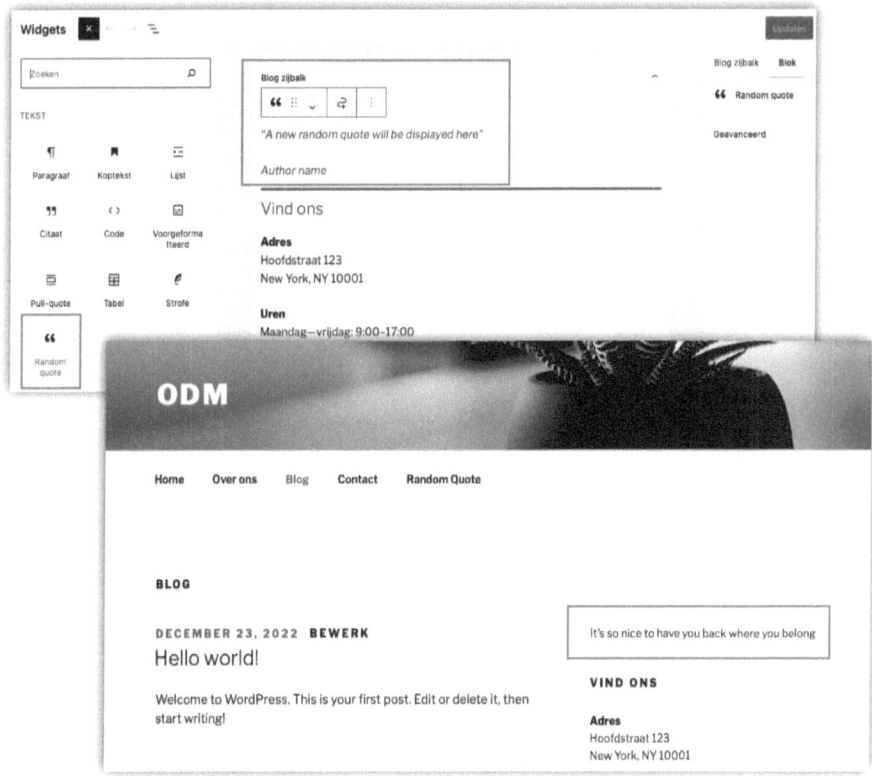

Meer info over blokken:

https://developer.wordpress.org/block-editor/how-to-guides/block-tutorial/writing-your-first-block-type.

https://developer.wordpress.org/block-editor/how-to-guides/widgets/overview

WORDPRESS - Onder De Motorkap

CUSTOM POST TYPE

Berichten en Pagina's zijn standaard Post Types. Het is mogelijk om het systeem uit te breiden met een Extra Post Type. Je mag dit noemen zoals jij dat wil, bijvoorbeeld Personeel, Recepten, Films, Portfolio, etc.

Deze pagina's worden in het systeem opgenomen en kunnen net als elke ander Post Type worden opgenomen in het menu. Het voordeel van een eigen Custom Post Type is dat het voorzien kan worden van een eigen stijl.

De code die we hiervoor gaan gebruiken nemen we op in functions.php van het child theme *twentyseventeen-child*.

Wil je dat dit theme onafhankelijk wordt, maak dan hiervan een plugin. (zie hoofdstuk Plugin Maken).

De bestanden zijn online beschikbaar.

> **wp-books.com/odm/bestanden**
> Bestand: **cpt**

Ga naar: Child Theme twenty seventeen child01 en open functions.php.

functions.php

Voeg de onderstaande code toe.
We beginnen met een nieuwe function **custom_post_recipe()**.

```
// Custom Post Type Function
function custom_post_recipe() {
```

We gaan een Custom Post Type maken voor **recepten**. Na het definiëren van de Custom Post Type, wordt er een gebruikersinterface gemaakt. Deze is te zien in het dashboard.

```
// Set UI labels for Custom Post Type
$labels = array(
    'name'               => _x( 'Recipe', 'post type general name' ),
    'singular_name'      => _x( 'Recipe', 'post type singular name' ),
    'add_new'            => _x( 'Add New', 'Recipe' ),
    'add_new_item'       => __( 'Add New Recipe' ),
    'edit_item'          => __( 'Edit Recipe' ),
    'new_item'           => __( 'New Recipe' ),
    'all_items'          => __( 'All Recipes' ),
    'view_item'          => __( 'View Recipe' ),
    'search_items'       => __( 'Search Recipes' ),
    'not_found'          => __( 'No recipes found' ),
    'not_found_in_trash' => __( 'No products found in the Trash' ),
    'parent_item_colon'  => '',
    'menu_name'          => 'Recipes'
);
```

Daaronder worden extra pagina elementen toegevoegd voor de output. Deactiveer **//** wat niet nodig is.

```
// Extra Opties in pagina, activeer wat nodig is
$supports = array(
    'title',
    'editor',
    //'author',
    //'custom-fields',
    'post-formats',
    //'comments',
    'revisions',
);
```

Vervolgens worden onderdelen geplaatst die nodig zijn voor het dashboard-menu.

```
$details = array(
    'labels'          => $labels,
    'description'     => 'Everything you want to know about a recipe!',
    'menu_icon'       => 'dashicons-carrot',
    'public'          => true,
    'menu_position'   => 5,
    'supports'        => $supports,
    'has_archive'     => true,
    'show_in_rest'    => true, // To use Gutenberg editor.
    //'show_ui'           => true,
    //'show_in_menu'      => true,
    //'show_in_nav_menus' => true,
);
```

Deactiveer wat niet nodig is. Er is gekozen voor een wortel-icoon.

Wil je een ander icoon ga dan naar:

https://developer.wordpress.org/resource/dashicons.

Helemaal onderaan wordt de function geactiveerd en afgesloten.

```
// Registering your Custom Post Type en $details
register_post_type( 'recipe', $details );
}

// Hook aan 'init'
add_action( 'init', 'custom_post_recipe' );
```

Met **register_post_type()** wordt de function geactiveerd.

Daarna wordt de function geHOOKed aan **init**.

```
// Hook aan 'init'
add_action( 'init', 'custom_post_recipe' );
```

Op de volgende pagina zie je de volledige code.

WORDPRESS - Onder De Motorkap

```php
// Custom Post Type Function
function custom_post_recipe() {

// Set UI labels for Custom Post Type
$labels = array(
    'name'               => _x( 'Recipes', 'post type general name' ),
    'singular_name'      => _x( 'Recipe', 'post type singular name' ),
    'add_new'            => _x( 'Add New', 'Recipe' ),
    'add_new_item'       => __( 'Add New Recipe' ),
    'edit_item'          => __( 'Edit Recipe' ),
    'new_item'           => __( 'New Recipe' ),
    'all_items'          => __( 'All Recipes' ),
    'view_item'          => __( 'View Recipe' ),
    'search_items'       => __( 'Search Recipes' ),
    'not_found'          => __( 'No recipes found' ),
    'not_found_in_trash' => __( 'No products found in the Trash' ),
    'parent_item_colon'  => '',
    'menu_name'          => 'Recipes'
);

// Extra Opties in pagina, activeer wat nodig is
$supports = array(
    'title',
    'editor',
    //'author',
    'custom-fields',
    //'post-formats',
    //'comments',
    //'revisions',
    'thumbnail',
    //'excerpt',
);

$details = array(
    'labels'         => $labels,
    'description'    => 'Everything you want to know about a recipe!',
    'menu_icon'      => 'dashicons-carrot',
    'public'         => true,
    'menu_position'  => 5,
    'supports'       => $supports,
    'has_archive'    => true,
    'show_in_rest'   => true, // To use Gutenberg editor.
    //'show_ui'            => true,
    //'show_in_menu'       => true,
    //'show_in_nav_menus'  => true,
);

// Registering your Custom Post Type en $details
register_post_type( 'recipe', $details );

}

// Hook aan 'init'
add_action( 'init', 'custom_post_recipe' );

?>
```

Recept toevoegen

Sluit functions.php en ga naar het dashboard. Een nieuw Post Type is toegevoegd aan het systeem. Voeg twee recepten toe aan de website. Bij **URL** (rechterkolom) zie je het adres van de custom post type.

De Post Type *Recepten* lijkt veel op *Berichten*. Ook in dit geval kun je een *Lees Meer tag* invoegen.

Bekijk de website. Haal de titel **/recept-1** weg uit de adresbalk en klik op enter. Je krijgt nu een recepten overzichtspagina (archief) te zien.

Let op! Het kan voorkomen dat je niets ziet.
In dat geval ga je de permalinks aanpassen.
Ga naar **Instellingen > Permalinks** om **Berichtnaam** te bevestigen.

Klik op daarna **Wijzigingen opslaan** en bekijk de site.

Menu aanpassen

Ga naar **Dashboard > Weergave > Menu's**.
Bovenaan het scherm, klik op **Scherminstellingen** en activeer **Recipes**.

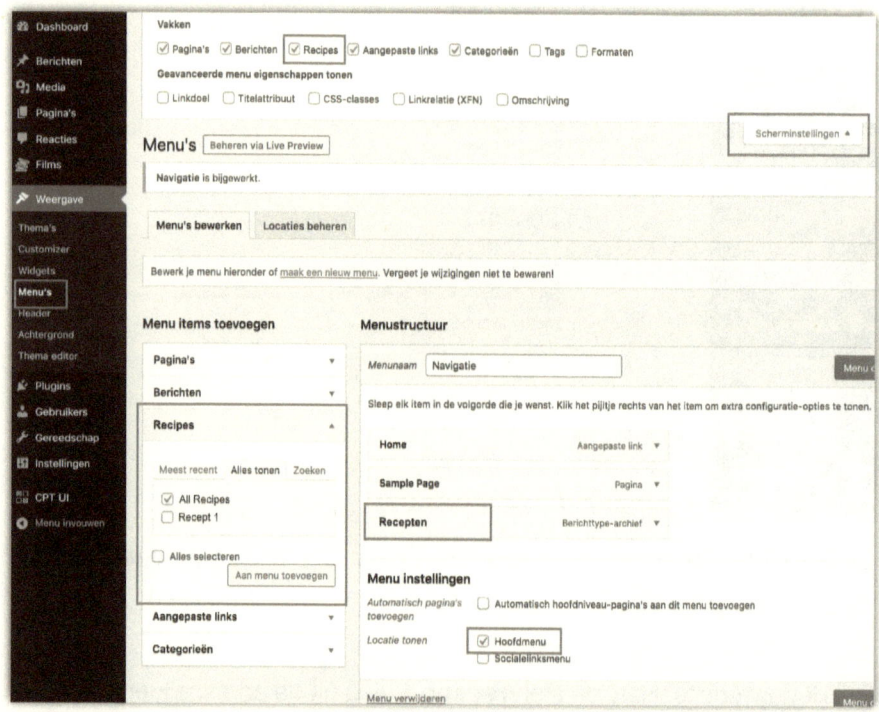

Hiermee is een tab **Recipes** toegevoegd aan het rijtje van *Pagina's, Berichten, Aangepaste links* en *Categorieën*.

Klik op **Recipes**, daarna de tab **Alles tonen** selecteer **All Recipes** en klik op de knop **Aan menu toevoegen**. Verander de menu-label naar **Recepten**. klik daarna op de knop **Menu opslaan**.
Het menu-item is opgenomen in je navigatiemenu.

Bekijk de website.

WORDPRESS - Onder De Motorkap

Meer info: *https://developer.wordpress.org/plugins/post-types*.

Templates voor Custom Post Types

Standaard worden de theme-bestanden gebruikt om een overzichtspagina (archieven) en een volledig bericht van een custom post type te laten zien.

Als je speciale opmaak voor een custom post type wilt, dan kun je een aantal theme-bestanden van het **parent theme** dupliceren.

De bestanden die je mag dupliceren zijn:

archive.php, *single.php* en *content.php* (in template-parts > post).

Plaats deze bestanden in het **Child Theme** en noem ze:

archive-recipe.php, *single-recipe.php* en *content-recipe.php*.

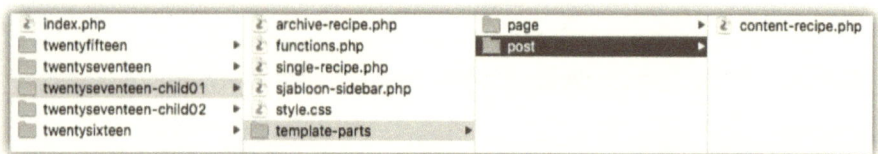

Zorg ervoor dat *content-recipe.php* net als in het parent theme in de folders *template-parts > post* wordt geplaatst. WordPress zal deze direct gebruiken. *archive-recipe.php* is een overzichtspagina. *single-recipe.php* bevat The Loop en verwijzing naar *content-recipe.php*.

content-recipe.php vertoond een volledig recept-bericht.

```
get_template_part( 'template-parts/post/content-recipe', get_post_format() );
```

Door verschillende CSS-classes te wijzigen binnen template-bestanden is het mogelijk om een andere opmaak te verkrijgen.

```
if ( is_single() ) {
    the_title( '<h1 class="entry-title">', '</h1>' );
} elseif ( is_front_page() && is_home() ) {
    the_title( '<h3 class="entry-title"><a href="' . esc_url( get_permalink() ) 
       h3>' );
```

CSS kun je plaatsen in *style.css* van het child theme.

Daarnaast is het mogelijk om de layout aan te passen en zelfs bepaalde site elementen te verwijderen of toe te voegen. Kortom the sky is the limit.

In dit geval heb ik de template-bestanden voorzien van een bestandsnaam, cursief en in het grijs. Dit is boven de titel te zien.

Wil je gebruik maken van de standaard opmaak, verwijder dan de template-bestanden uit het child theme.

Meer info: *https://wordpress.org/support/article/post-types*.

WORDPRESS - Onder De Motorkap

CUSTOM FIELDS

Het is mogelijk om extra meta-data aan een bericht of pagina toe te voegen. Wanneer je een bericht of pagina bewerkt, ga dan naar **Meer gereedschap & opties weergeven** (drie bolletjes) en kies voor **Opties**.

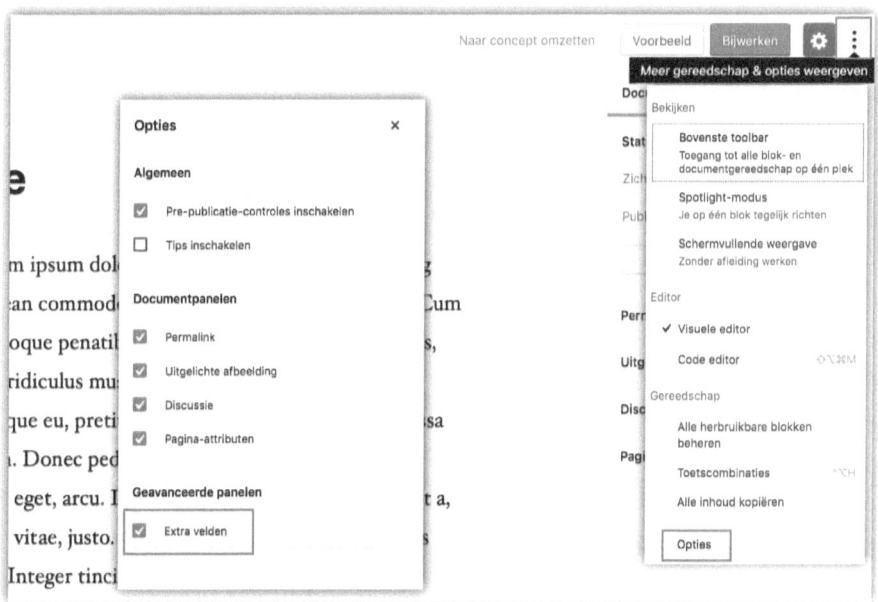

In het pop-up scherm, activeer je **Extra velden**. De bedoeling van *Extra velden* is dat je eenvoudig meta-data kunt toevoegen in een Bericht of Pagina. Hiermee wordt informatie bedoeld zoals titel, auteur, datum en tijd.

Wil je nog iets extra's toevoegen dan kan dit met Extra velden.
Heb je een blog-site over recepten dan kun je een extra veld toevoegen waarin je bijvoorbeeld een waardering kunt opnemen.

Nadat de optie Extra velden is geactiveerd krijg je onderaan de Pagina of Bericht **Extra velden** te zien. Daaronder wordt in tekst aangegeven dat het aangepaste veld gebruikt kan worden in je thema. Dit betekend dat er in een thema bestand extra code moet worden toegevoegd om het resultaat te laten zien aan de voorkant van de website.

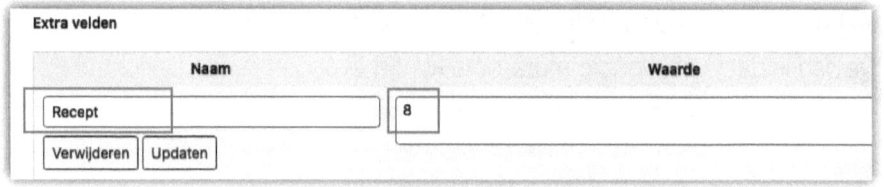

Maak gebruik maken van een **Naam** en **Waarde**. Klik op de link **Nieuwe toevoegen**. Onder **Naam** ontstaat een tekstveld waarin je een naam kunt invoeren.

Bij **Naam** voer je bijvoorbeeld **Recept** in en bij **Waarde** een **cijfer**, bijvoorbeeld 8. Klik daarna op de knop **Extra veld toevoegen**.

Vergeet daarna niet je Pagina of Bericht te **Publiceren**.

Thema bestand aanpassen

Nu er een Extra veld aan een Recept is toegevoegd, ga je het thema bestand aanpassen. Hiermee wordt de data zichtbaar aan de voorkant van de site. Uiteraard doe je dit in een Child Theme.

Maak een child theme van het Thema Twenty Seventeen. Daarna ga je op zoek naar een thema bestand waarin je de data wil opnemen. In dit geval is het de bedoeling dat de nieuwe meta-data wordt toegevoegd aan de standaard meta-data van het Bericht. Je mag hiervoor ook een sjabloonbestand gebruiken. Boven het bericht is meta-data te zien. Je ziet de titel. Aan dit rijtje ga je de Waardering toevoegen.

> **Hello world!**
>
> Welcome to WordPress. This is your first post. Edit or delete it, then start writing!

Je kunt je hiervoor het thema bestand **content-recipe.php** gebruiken (zie hoofdstuk *Custom Post Type*) Ga naar: **wp-content > themes > twenty-seventeen > template-parts > post > content-recipe.php**.

Zorg ervoor dat het themabestand niet wordt gewijzigd en houd de folderstructuur in stand:
template-parts > post > content-recipe.php.

Open het bestand **content-recipe.php**.

Plaats de onderstaande code:

```php
<?php echo get_post_meta($post->ID, 'key', true); ?>
```

vervang **'key'** voor **'recept'**, de Naam van het extra veld.

Ga op zoek naar een plek waar je de waardering wil vertonen.
In dit geval is gekozen om de waardering onder de titel van het bericht te vertonen. De template tag **the_title()** is verantwoordelijk voor het genereren van de titel. Na **the_title();** plaats je de nieuwe code:

echo "Recept - ". get_post_meta ($post->ID, 'recept', true);

```
if ( is_single() ) {
    the_title( '<h1 class="entry-title">', '</h1>' );
    echo "Recept - ". get_post_meta ($post->ID, 'recept', true);
} elseif ( is_front_page() && is_home() ) {
    the_title( '<h3 class="entry-title"><a href="' . esc_url( get_permalink() )
    echo "Recept - ". get_post_meta ($post->ID, 'recept', true);
} else {
    the_title( '<h2 class="entry-title"><a href="' . esc_url( get_permalink() )
    echo "Recept - ". get_post_meta ($post->ID, 'recept', true);
}
```

Zoals je kunt zien is de code drie keer geplaatst.

In de toegevoegde code is ook een extra stukje tekst geplaatst.
Namelijk **Recept -**. Daarna wordt een waarderingscijfer gegenereerd.
Sla het bestand op en bekijk de website.

Meer info: *https://codex.wordpress.org/Custom_Fields*

single-recipe.php > content-recipe.php

Recept 1

Recept - 8

Doe de pindakaas met het water, de sambal, ketjap en gebakken uitjes in een steelpan en breng aan de kook. Verwarm 3 min. en roer met een garde goed door totdat je een egaal mengsel hebt.

Bewerk

VIND ONS

Adres
Hoofdstraat 123
New York, NY 10001

Uren
Maandag—vrijdag: 9:00–17:00
Zaterdag & zondag: 11:00–15:00

ZOEKEN

Zoeken ...

OVER DEZE SITE

Dit kan een goede plek zijn om jezelf en je site te introduceren of wat credits op te nemen.

CHEAT SHEET

We zijn inmiddels vaak onder de motorkap gedoken. Daarnaast zijn we een aantal tags tegen gekomen, sommige vaker dan andere.

Op het internet zijn deze tags vaak te zien in een WordPress Cheat Sheet. Dit is een overzicht van de meest voorkomende tags in het systeem, met name tags in template-bestanden en functions.php.

In dit boek ligt de focus op het uitbreiden van WordPress met behulp van code. Niet op het maken van een theme. Zou je daarover meer willen weten dan adviseer ik om het boek *WordPress Theme* te lezen.

Een compleet overzicht van verschillende tags is te vinden in de WordPress Codex: *https://developer.wordpress.org/reference*.

Een compleet overzicht van template-tags is hier te vinden: *https://codex.wordpress.org/Template_Tags*.

Het is handig om te weten wat de verschillende template-tags doen. Ik heb een aantal tags voor je verzameld.

Elementen gaan pas werken wanneer dit omvat wordt door PHP-tags. Statements worden beëindigd met een **;** (puntkomma).

```
<?php
    echo "Hello, World!";
?>
```

WordPress cheat sheet

Te zien in **index.php** of een sjabloon bestand.

Template Tags	
`get_header()`	Verwijzing naar header.php.
`get_sidebar()`	Verwijzing naar sidebar.php.
`get_footer()`	Verwijzing naar footer.php.
`comments_template()`	Verwijzing naar comments.php.

Vanuit index.php vormen deze bestanden één pagina.

In **header.php**.

Menu Tags	
`wp_nav_menu()`	Vertonen van een menu.
`wp_nav_menu( array('menu' => 'nav 2' ))`	Vertonen van menu gekoppeld aan *nav 2*.

Te vinden in **template-parts** bestanden.

Template functions	
`the_content()`	Vertonen van content.
`if(have_posts()):`	Bericht check.
`while(have_posts()): the_post()`	Bericht vertonen wanneer dit beschikbaar is.
`endwhile`	Afsluiten 'while' PHP-function.
`endif`	Afsluiten 'if' PHP-function.
`the_author()`	Auteur.

Template functions	
the_ID()	ID van bericht.
the_time('d-m-y')	Datum dag-maand-jaar.
edit_post_link()	Link om bericht aan te passen.
next_post_link('%link')	Link volgende pagina.
previous_post_link('%link')	Link vorige pagina.
get_links_list()	Berichten lijst.
wp_list_pages()	Pagina lijst.
wp_get_archives()	Archief lijst.
wp_list_cats()	Categorie lijst.
get_calendar()	Vertonen van blogkalender.
wp_register()	Vertonen van inlog-link.
wp_loginout()	Log-in/out link voor gebruikers.

Content gerelateerde onderdelen.

Te vinden in **functions.php** en **plugin** bestanden.

Hooks
add_action ('hook_name', 'your_function_name')
add_filter ('hook_name', 'your_filter')
remove_action ('hook' , 'action')
remove_filter ('hook' , 'filter')

Function om functions aan het systeem toe te voegen of verwijderen.

Extra	
`/%postname%/`	Custom permalink.
`include(TEMPATEPATH . '/x');`	Inclusief bestand.
`the_search_query()`	Zoekformulier query.
`_e('Message')`	Vertoond vertaalde tekst.
`<!--next page-->`	Verdeeld content in pagina's.
`<!--more-->`	Vertoond een lees meer link.
`wp_meta()`	Maakt een action hook voor in de sidebar.
`timer_stop(1)`	De tijd om een pagina in te laden.
`echo get_num_queries()`	Database queries om een pagina te laden.

Te zien in **index.php**.

The Loop
`if(have_posts()):`
`while(have_posts()): the_post()`
`get_template_part( 'template-parts/post/content', get_post_format() );`
`else;`
`endif;`

Code voor het inladen van content uitgaande van een gekozen URL.

WORDPRESS - **Onder De Motorkap**

WORDPRESS - Onder De Motorkap

CODE SNIPPETS

There is a Plugin for that... Wordpress kan worden uitgebreid met plugins. In sommige gevallen doen ze meer dan nodig is. Teveel plugins met overbodige codes kan ervoor zorgen dat een website trager wordt.

Code snippets zijn fragmenten van code. Met behulp van kopiëren en plakken kunt u deze eenvoudig aan het systeem toevoegen.

Te veel functionaliteit in een snippet kan worden verwijderd. Hierdoor gebruikt u alleen wat nodig is, wat resulteert in een snellere website.

Werken met snippets:
- Werk altijd in een Child Theme.
- Code is hiermee overzichtelijk en leesbaar.
- Maak eerst een kopie van het bestand waarmee je gaat werken.
- Bugs of conflicten zijn redelijk snel te achterhalen en op te lossen.
- De laatste toevoeging is vaak de boosdoener.
- Verander de functienamen van snippets die van internet afkomstig zijn en geef ze een unieke naam. Hiermee voorkomt u conflicten

Op de volgende pagina's vindt u een aantal nuttige code snippets.
Deze codes zijn online beschikbaar.

> wp-books.com/odm/bestanden
> Bestand: **snippets**

Systeem performance

Geheugen limiet verhogen

Als je veel actieve plugins op een website hebt of er veel site-verkeer is, kan het handig zijn om de geheugenlimiet te verhogen. Je kunt het onderstaande toevoegen aan * **wp-config.php** van het child theme.

```
define('WP_MEMORY_LIMIT', '96M');
```

Automatische WordPress updates uitschakelen

Om handmatig updates uit te voeren, gebruik dan de onderstaande code in
* **wp-config.php** van het child theme.

```
// Automatische WordPress Updates Uitschakelen - wp-config.php
define('WP_AUTO_UPDATE_CORE', false);
```

Prullenmand automatisch legen

Om automatisch de prullenmand te legen, gebruik dan de onderstaande code in * **wp-config.php** van het child theme. Het cijfer geeft aan na hoeveel dagen dit gebeurt.

```
// Prullenmand Automatisch Legen - wp-config.php
define('EMPTY_TRASH_DAYS', 5 );
```

Autosave

Met deze snippet bepaal je wanneer de autosave in werking treedt. Gebruik de onderstaande code in * **wp-config.php** van je child theme.

```
// Autosave interval 5 Minuten (5x60) - wp-config.php
define('AUTOSAVE_INTERVAL', 300);
```

Code plakken voor / That's all, stop editing! Happy blogging. */

SSL forceren

Koppel eerst een SSL-certificaat aan je webhosting. Dit gebeurt meestal via een controlepaneel van een webhoster. Voeg daarna de onderstaande code (regel 7 en 8) toe aan een **.htaccess** bestand.

```
1   # BEGIN WordPress
2   # De richtlijnen (regels) tussen "BEGIN WordPress" en "END WordPress" word
3   # dynamisch gegenereerd en zouden alleen aangepast mogen worden via WordPr
    filters.
4   # Alle wijzigingen aan de richtlijnen tussen deze markeringen worden
    overschreven.
5   <IfModule mod_rewrite.c>
6   RewriteEngine On
7   RewriteCond %{HTTPS} !=on
8   RewriteRule ^ https://%{HTTP_HOST}%{REQUEST_URI} [L,R=301]
9   RewriteRule .* - [E=HTTP_AUTHORIZATION:%{HTTP:Authorization}]
10  RewriteBase /
11  RewriteRule ^index\.php$ - [L]
12  RewriteCond %{REQUEST_FILENAME} !-f
13  RewriteCond %{REQUEST_FILENAME} !-d
14  RewriteRule . /index.php [L]
15  </IfModule>
16
17  # END WordPress
```

Standaard thumbnails verwijderen

Bij het uploaden van een afbeelding voegt WordPress een aantal thumbnails toe. Door deze functie uit te schakelen, bespaar je server-verwerking en -ruimte. Voeg de code toe aan **functions.php** van het child theme.

```
// Standaard Thumbnails Verwijderen - functions.php
update_option( 'thumbnail_size_h', 0 );
update_option( 'thumbnail_size_w', 0 );
update_option( 'medium_size_h', 0 );
update_option( 'medium_size_w', 0 );
update_option( 'large_size_h', 0 );
update_option( 'large_size_w', 0 );
```

Theme

Content voor blog-homepage

Als je specifieke content wilt vertonen op de blog-homepage gebruik dan de onderstaande snippet. Plaats deze code in het child theme-bestand **index.php**. Net na **<div id="primary" class="content-area">**. Content van **extra.php** wordt hiermee een onderdeel van de homepage.

```
<?php if ( is_home() ) { include ('extra.php'); } ?>
```

Extra categorie stylesheet

Het is handig om te beschikken over een extra stylesheet voor bijvoorbeeld een categorie. Plaats de snippet in **functions.php** van het child theme.

```
<!-- Extra Stijlsheet voor Categorie -->
<?php function category_style_sheet() {
if (is_category('sport') ) {
wp_enqueue_style( 'category-styling', get_stylesheet_directory_uri() . '/css/sport.css' );
}}
add_action('wp_enqueue_scripts', 'category_style_sheet');
```

Je mag **is_front_page()** vervangen door **is_category('sport')**. Hiermee kun je archiefpagina's van categorieën voorzien van een afwijkende stijl.

Maak in het child theme een nieuwe folder aan met de naam **css**. Plaats daarin een CSS **homepage.css**. Voeg daarin de onderstaande code.

```
/*
    Theme Name: Your Child Theme
    Description: This is your sport style sheet
        for your child themes custom CSS code.
    Author: Your Name
    Author URI: http://example.com/
    Version: 2.0
    Template: yourparenttheme
    Template Version: 2.0
*/
```

Onderaan het commentaar kun je CSS stijlen toevoegen.

Pagina links

Deze snippet genereert de tekst **home** met een link naar de homepage. Daaronder wordt een lijst van links naar alle pagina's opgebouwd. De volgorde wordt bepaald door de parameters. Als een van de pagina's in de lijst actief is, wordt de link voor die pagina toegewezen aan de class `current_page_item`. Plaats deze code in een **templatebestand**.

```
<ul>
<li><?php

if (is_home())
    { ?> class="current_page_item"<?php
    } ?>><a href=" <?php
bloginfo('home'); ?>">home</a></li>
<?php
wp_list_pages('sort_column=menu_order&depth=1&title_li='); ?>
</ul>
```

Dynamische titel

Als de startpagina actief is, geeft de titel de naam van de site weer. Als een 404-pagina actief is, geeft de titel "WJAC » 404" weer. Als de pagina Zoekresultaten actief is, geeft de titel "WJAC Zoekresultaten" weer. Als een andere pagina op de site actief is, geeft de titel "WJAC » [paginanaam]" weer. Plaats deze code in de **<head>** van een **templatebestand**.

```
<?php
if (is_home()){
    echo bloginfo('name');}
elseif (is_404()){
    echo 'WJAC » 404';}
elseif (is_search()){
    echo 'WJAC » Search Results';}
    else{echo 'WJAC » ';
    wp_title('');}
?>
```

Query posts

Met deze snippet worden de drie laatste berichten uit categorie 1 weergegeven. Plaats de code voor **The Loop** in **index.php**. Pas de categorienummering en aantal posts aan.

```
        <main id="main" class="site-main" role="main">
<?php query_posts('cat=1&showposts=3'); ?>
        <?php
        if ( have_posts() ) :
            /* Start the Loop */
```

Om te achterhalen welk ID-nummer een categorie heeft, ga je naar *Dashboard > Berichten > Categorieën*. Ga met je cursor over een categorie staan en kijk onderaan in de browser. Het URL bevat een categorie-ID-nummer.

```
Open '127.0.0.1/wp-site/wp-admin/term.php?taxonomy=category&tag_ID=5&post_type=
```

Kijk onderaan in de browser. Het URL bevat een categorie ID nummer.

Zoekresultaat verfijnen

Om ervoor te zorgen dat privépagina's of -berichten niet in de zoekresultatenlijst te zien zijn, kun je de onderstaande code gebruiken in functions.php.

```
// Zoekresultaat Verfijnen - in functions.php
function filter_search($query)
{
    if ($query->is_search) {
        $query->set('post_type', 'post');
    }
    return $query;
}

add_filter('pre_get_posts', 'filter_search');
```

Dashboard

Welkomscherm verwijderen

Dit scherm is niet noodzakelijk en mag verwijderd worden. Gebruik hiervoor de onderstaande snippet in **function.php** van het child theme.

```php
// Welkom Panel Verwijderen ---
remove_action('welcome_panel', 'wp_welcome_panel');
```

Panels verwijderen

Met deze snippet in **function.php** van het child theme is het mogelijk om ongewenste dashboard panels zoals: nieuws, activiteiten, concept maken en andere functies uit te schakelen.

```php
// Overige Panels Verwijderen
add_action('wp_dashboard_setup', 'my_custom_dashboard_widgets');

function my_custom_dashboard_widgets() {
global $wp_meta_boxes;
  //Right Now - Comments, Posts, Pages at a glance
  unset($wp_meta_boxes['dashboard']['normal']['core']['dashboard_right_now']);
  //Recent Comments
  unset($wp_meta_boxes['dashboard']['normal']['core']['dashboard_recent_comments']);
  //Incoming Links
  unset($wp_meta_boxes['dashboard']['normal']['core']['dashboard_incoming_links']);
  //Plugins - Popular, New and Recently updated WordPress Plugins
  unset($wp_meta_boxes['dashboard']['normal']['core']['dashboard_plugins']);
  //Recent Activity
  unset($wp_meta_boxes['dashboard']['normal']['core']['dashboard_activity']);

  //Wordpress Development Blog Feed
  unset($wp_meta_boxes['dashboard']['side']['core']['dashboard_primary']);
  //Other WordPress News Feed
  unset($wp_meta_boxes['dashboard']['side']['core']['dashboard_secondary']);
  //Quick Press Form
  unset($wp_meta_boxes['dashboard']['side']['core']['dashboard_quick_press']);
  //Recent Drafts List
  unset($wp_meta_boxes['dashboard']['side']['core']['dashboard_recent_drafts']);
}
```

Menu items verwijderen

Verwijder onnodige menu-items uit het dashboard. Vertoon alleen wat nodig is. Plaats de code in **functions.php** van het child theme.

```
// menu items verwijderen
function remove_menus () {

global $menu;
$restricted = array(__('Dashboard'), __('Posts'), __('Media'), __('Links'), __('Pages'),
 __('Appearance'), __('Tools'), __('Users'), __('Settings'), __('Comments'), __('Plugins'));
end ($menu);

while (prev($menu)){
$value = explode(' ',$menu[key($menu)][0]);

if(in_array($value[0] != NULL?$value[0]:"" , $restricted)){unset($menu[key($menu)]);}
}
}
add_action('admin_menu', 'remove_menus');
```

Sub-menu Items verwijderen

Verwijder onnodige submenu-items in het dashboard. Submenu-namen zijn te vinden in *wp-admin > menu.php*. Plaats de code in **functions.php** van het child theme.

```
// submenu items verwijderen
function remove_submenus() {

global $submenu;
unset($submenu['index.php'][10]); // Removes 'Updates'.
unset($submenu['themes.php'][5]); // Removes 'Themes'.
unset($submenu['options-general.php'][15]); // Removes 'Writing'.
unset($submenu['options-general.php'][25]); // Removes 'Discussion'.
}
add_action('admin_menu', 'remove_submenus');
```

Logo in dashboard

Om een bedrijfslogo toe te voegen aan het dashboard, maak je eerst een PNG-logo met de naam *custom-logo.png* met een grootte van 16x16px. Plaats deze in het child theme in een folder genaamd 'images'. Gebruik daarna de onderstaande code in functions.php van het child theme.

```
// Logo in Dasboard
function wpb_custom_logo() {
echo '
<style type="text/css">
#wpadminbar #wp-admin-bar-wp-logo > .ab-item .ab-icon:before {
background-image: url(' . get_bloginfo('stylesheet_directory')
. '/images/custom-logo.png) !important;
background-position: 0 0;
color:rgba(0, 0, 0, 0);
}
#wpadminbar #wp-admin-bar-wp-logo.hover > .ab-item .ab-icon {
background-position: 0 0;
}
</style>
';
}
//hook into the administrative header output
add_action('wp_before_admin_bar_render', 'wpb_custom_logo');
```

Custom footertekst

In de footer van het dashboard staat standaard *Bedankt voor het gebruiken van WordPress*. Gebruik de onderstaande code in **functions.php** van het child theme om deze tekst aan te passen.

```
// footer in Dasboard
function remove_footer_admin () {
echo 'Fueled by <a href="http://www.wordpress.org" target="_blank">WordPress</a>
| WordPress ODM: <a href="http://www.webdesign-en-wp.nl/odm"
target="_blank">Onder De Motorkap</a></p>';
}
add_filter('admin_footer_text', 'remove_footer_admin');
```

Aangepast welkom bericht

Om *Hallo admin* te veranderen in het dashboard gebruik de onderstaande code in **function.php**.

```php
// Hallo admin aanpassen - plaats code in functions.php
function replace_hallo( $wp_admin_bar )
{
    $my_account=$wp_admin_bar->get_node('my-account');
    $newtitle = str_replace( 'Hallo', 'Welkom', $my_account->title );
    $wp_admin_bar->add_node( array(
        'id' => 'my-account',
        'title' => $newtitle,
    ));
}

add_filter( 'admin_bar_menu', 'replace_hallo', 25 );
```

Widgets

Widget sidebar deactiveren

Belangrijk voor child themes is om overbodige parent sidebars te deactiveren. Gebruik de onderstaande code in **functions.php** van het child theme.

```
//Widget Sidebar Deactiveren - in functions.php
function remove_some_widgets(){

    // Unregister some of the Twentyseventeen sidebars
    unregister_sidebar( 'sidebar-3' );
}
add_action( 'widgets_init', 'remove_some_widgets', 11 );
```

Standard widgets verwijderen

Vertoon alleen wat nodig is.
Gebruik de onderstaande code in **functions.php** van het child theme.

```
// Standard Widgets Verwijderen
function unregister_default_wp_widgets() {
unregister_widget('WP_Widget_Calendar');
unregister_widget('WP_Widget_Search');
unregister_widget('WP_Widget_Recent_Comments');
}
add_action('widgets_init', 'unregister_default_wp_widgets', 1);
```

Beveiliging

Versie nummer verwijderen

Een andere methode om de WordPress versienummer uit HTML-pagina's te verwijderen, is door gebruik te maken van de onderstaande code in het bestand **functions.php** van je child theme.

```php
// remove version from head
remove_action('wp_head', 'wp_generator');

// remove version from rss
add_filter('the_generator', '__return_empty_string');

// remove version from scripts and styles
function shapeSpace_remove_version_scripts_styles($src) {
    if (strpos($src, 'ver=')) {
        $src = remove_query_arg('ver', $src);
    }
    return $src;
}
add_filter('style_loader_src', 'shapeSpace_remove_version_scripts_styles', 9999);
add_filter('script_loader_src', 'shapeSpace_remove_version_scripts_styles', 9999);
```

Bescherm wp-config.php

Gebruik de onderstaande code in het bestand **.htaccess**.
Zie hoofdstuk WordPress Structuur.

```
<Files wp-config.php>
order allow,deny
deny from all
</Files>
```

WP-includes beveiligen

De meeste kernbestanden zijn in de folder wp-includes te vinden.
Zie hoofdstuk wp-includes. Ook deze folder is te beschermen.
Gebruik de onderstaande code in het bestand **.htaccess**.

```
# Block wp-includes folder and files
<IfModule mod_rewrite.c>
RewriteEngine On
RewriteBase /
RewriteRule ^wp-admin/includes/ - [F,L]
RewriteRule !^wp-includes/ - [S=3]
RewriteRule ^wp-includes/[^/]+\.php$ - [F,L]
RewriteRule ^wp-includes/js/tinymce/langs/.+\.php - [F,L]
RewriteRule ^wp-includes/theme-compat/ - [F,L]
</IfModule>
```

Toegang vanuit één IP adres

Met de onderstaande code in het bestand **.htaccess.** heb je toegang tot de site vanuit één IP adres. Met behulp van **www.mijn-ip.net** kun je achterhalen wat jouw IP adres is.

```
# vervang 195.234.56.789 met eigen IP adres
order deny,allow
allow from 195.234.56.789
deny from all
```

Media

Upload grootte aanpassen

In sommige gevallen is de maximale uploadgrootte van 64 MB te klein. Met grote mediabestanden zoals film of muziek kan het voorkomen dat het upload-proces stopt. Om de upload-grootte aan te passen, kun je gebruikmaken van onderstaande code in **functions.php** van het child theme.

```
// Media - Upload grootte aanpassen config.php
@ini_set( 'upload_max_size' , '100M' );
@ini_set( 'post_max_size', '100M');
@ini_set( 'memory_limit', '100M' );
```

Werkt de bovenstaande methode niet probeer dan de onderstaande snippet in **.htaccess**

```
// Media - Upload grootte aanpassen .htaccess
php_value upload_max_filesize 75M
php_value post_max_size 75M
php_value max_execution_time 300
php_value max_input_time 300
```

Er is een mogelijkheid dat dit ook niet gaat werken.
Neem in dat geval contact op met je webhost.

Extra

Onderhoudsmodus

Ook hiervoor is geen plugin nodig. Plaats de snippet in **function.php**.
Pas de tekst aan voor een andere boodschap.

```
// Maintenance mode
function maintenace_mode() {
    if ( !current_user_can( 'administrator' ) ) {
        wp_die('Site is tijdelijk niet bereikbaar.');
    }
}
add_action('get_header', 'maintenace_mode');
```

Zoekresultaten in vaste aantal vertonen

Om zoekresultaten in een vast aantal te tonen, verdeeld over verschillende pagina's, gebruik de onderstaande snippet in **functions.php**.

```
// zoekresultaten per 20
function limit_posts_per_search_page()
{
    if (is_search())
        set_query_var('posts_per_archive_page', 20);
}

add_filter('pre_get_posts', 'limit_posts_per_search_page');
```

Meer snippets:

https://wp-snippets.com.

Login URL veranderen

Het standaard inlog-url is **naamsite.nl/wp-login.php** of **/wp-admin**.
Om het adres te veranderen ga je eerst naar het bestand **wp-login.php** in de hoofdroot van het systeem. Open het bestand met een code-editor.

Zoek naar **wp-login.php** en **vervang** dit door b.v. **inloggen.php**.

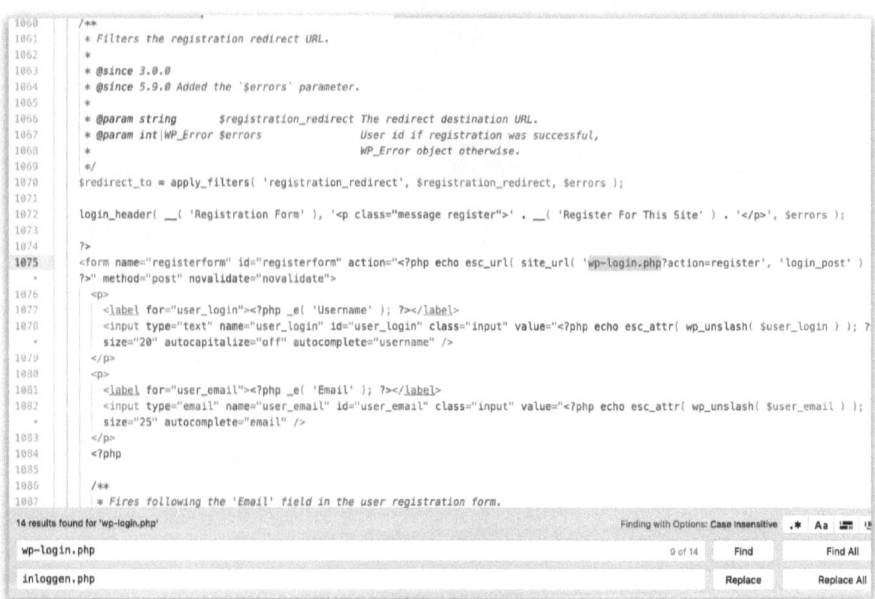

Sla het bestand op. Daarna de bestandsnaam aanpassen, **wp-login.php** wordt **inloggen.php**.

Het inlog-adres is nu veranderd: **www.naamsite.nl/inloggen.php**

Wanneer een gebruiker het adres met **/wp-login.php** of **/wp-admin** toepast, wordt deze naar een 404 pagina doorverwezen. Tip! Wijzigingen worden pas zichtbaar nadat er van thema is gewisseld.

Let op! Na een een systeem update kan het voorkomen dat het bestand **wp-login.php** opnieuw in de hoofdroot is opgenomen. In dat geval mag je het verwijderen.

WORDPRESS - Onder De Motorkap

CODE GENERATOR

In de vorige hoofdstukken hebben we Onder De Motorkap het een en ander aangepast. De codes die we hiervoor hebben gebruikt zijn onder andere te vinden in de Codex van WordPress.

Het duurt een tijdje voordat je dit soort codes direct uit je hoofd kunt gebruiken. In de meeste gevallen beschikt een developer over een verzameling van codes die vaak worden toegepast.

Een handige tool die gebruikt kan worden, is een WordPress Code Generator. Het woord zegt het al. Het genereert standaard WordPress Code zoals de Codex dit voorschrijft. Hiermee is het niet noodzakelijk om grote stukken code te onthouden. Het voordeel is dat je redelijk snel correcte functionaliteit hebt toegevoegd aan het systeem.

Met een Code Generator kun je het volgende genereren:
- Shortcodes.
- Widgets.
- Sidebars.
- Custom Post Types.
- En meer…

Er zijn diverse generators beschikbaar. De meeste zijn gratis.
De werkwijze van een Code Generator werkt als volgt:

1. Kies een Tool Generator (b.v. shortcode).
2. Vul de benodigde gegevens in.
3. Genereer code.

Vervolgens plak je de gegenereerde code in het desbetreffende PHP-bestand. Een aantal WordPress Online Code Generators:

- GenerateWP
- Hasty
- Nimbus Themes Code Generator

Hasty

Hasty is een van de eenvoudigste generators en is vrij te gebruiken. Ga naar www.wp-hasty.com. Vanuit de homepage kies je voor een, bijvoorbeeld **Shortcode** Generator.

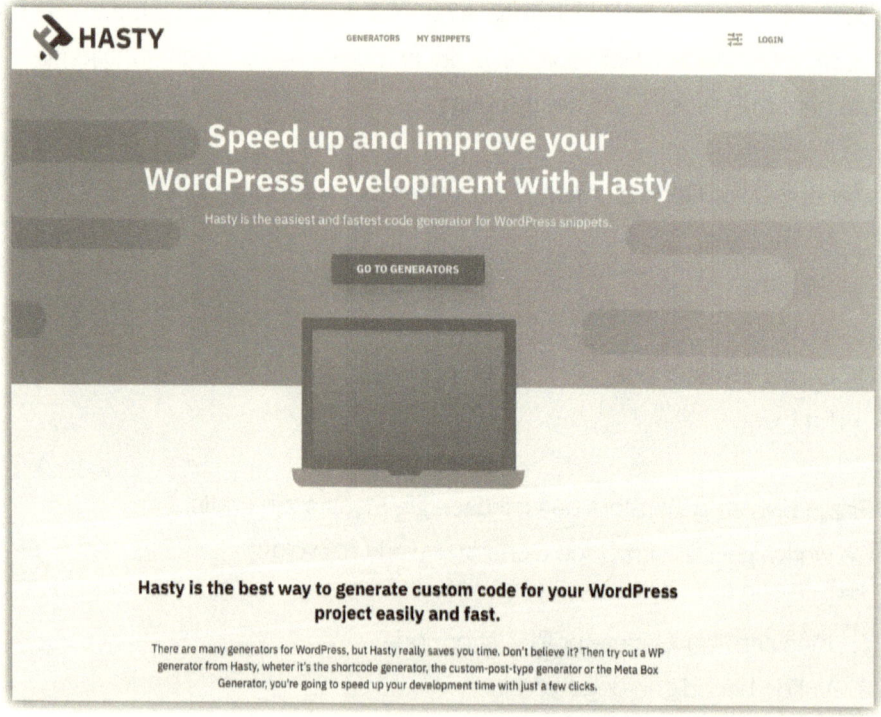

Je krijgt een nieuw scherm te zien.

Vanuit het nieuwe scherm zie je een opzet.

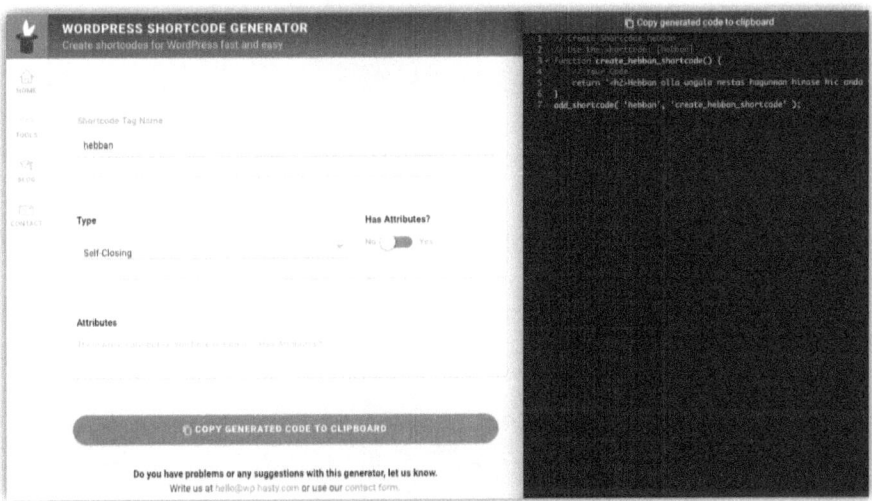

Door gebruik te maken van de beschikbare velden en opties is de Shortcode function en hook al ingevuld.

Het enige wat je nog moet toevoegen, is extra code die ervoor zorgt dat het resultaat wordt vertoond. In de rechter kolom kun je onder **// Your Code** een **return** invoeren met in dit geval de volledige tekst. (Zie hoofdstuk Shortcode.) De volledige gegenereerde code mag je kopiëren en plakken in functions.php van je child theme.

Om te werken met een Code Generator is het handig om te beschikken over een basiskennis van PHP. Hiermee wordt het eenvoudig om de gegenereerde code aan te vullen.

WORDPRESS - Onder De Motorkap

DATABASE BEHEREN

Data wordt niet opgeslagen in core bestanden, maar in een MySQL-server. In de database kun je ook data aanpassen. Het komt weleens voor dat de data aangepast dient te worden om bijvoorbeeld de website te optimaliseren of om data te wijzigen.

Een aantal handige database tips:
1. Database optimaliseren.
2. Admin e-mailadres wijzigen.
3. Gebruikersnaam en Wachtwoord wijzigen.
4. Backup maken.
5. Zoek en vervang.
6. Plugins deactiveren.

Log in op het ControlPanel van je Web-Host en ga op zoek naar phpMyAdmin.

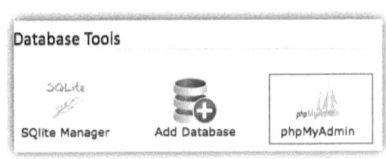

MAMP startpagina:
Vanuit **Tools > phpMyAdmin** kun je de interface opstarten.

LOCAL Sites:
Selecteer **wp-site > DATABASE - OPEN ADMINER**.

Optimaliseren

Met de database-optie **Optimaliseer tabel** worden onnodige gegevens verwijderd, waardoor de website sneller wordt.

1. Vanuit phpMyAdmin selecteer je aan de linkerzijde de database.

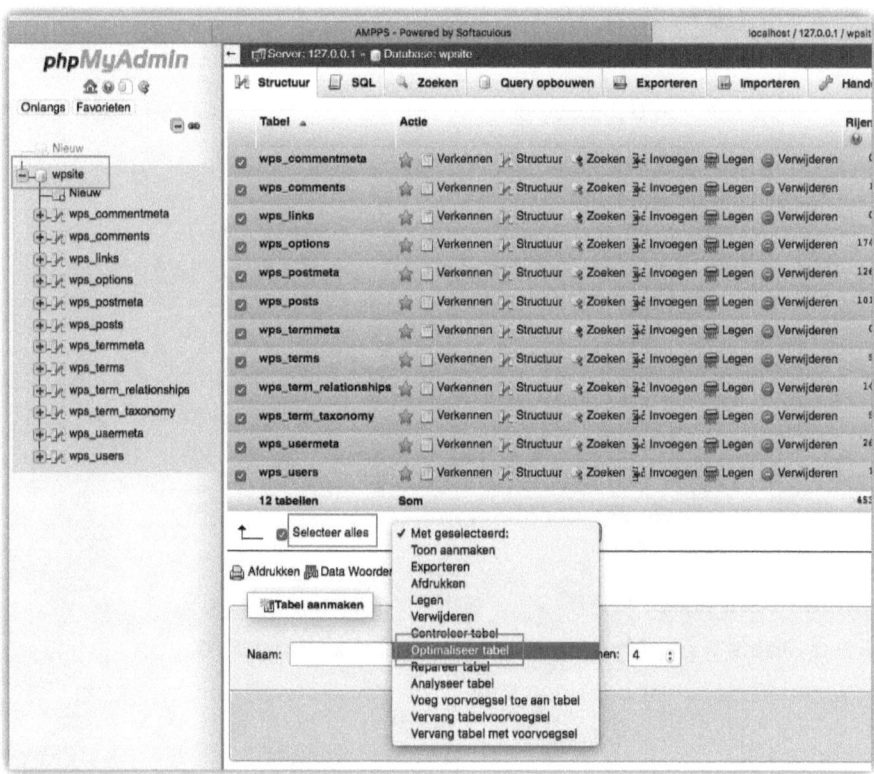

2. Klik op de box **Selecteer alles**.
3. Kies voor **Optimaliseer tabel** uit het menu.
4. Klik daarna op de knop **Starten** of **Opslaan**.

Admin E-mailadres wijzigen

Met deze methode kun je direct en zonder verificatie je admin e-mailadres wijzigen.

1. Vanuit phpMyAdmin selecteer je aan de linkerzijde jouw database van de betreffende WordPress installatie.

2. Klik op wps_**options** (wps_ kan ook iets ander zijn) daarna op **wijzigen** van **admin_email**.

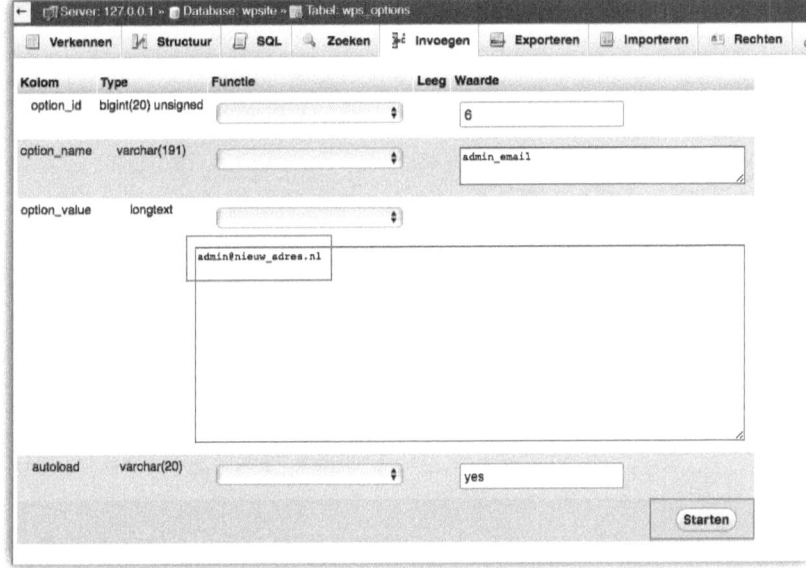

3. Daarna een nieuw e-mailadres invoeren.
4. Klik op de knop **Starten** of **Opslaan**.

Gebruikersnaam en Wachtwoord wijzigen

Het kan wel eens voorkomen dat een gebruikersnaam en wachtwoord vergeten zijn. De onderstaande methode kan toegepast worden om een gebruikersnaam te veranderen.

1. Vanuit phpMyAdmin selecteer je aan de linkerzijde jouw database van de betreffende WordPress installatie.

2. Kies aan de linkerzijde de tabel **wp_users**. (In dit voorbeeld zie je overigens een andere prefix nl. *pp_users*).

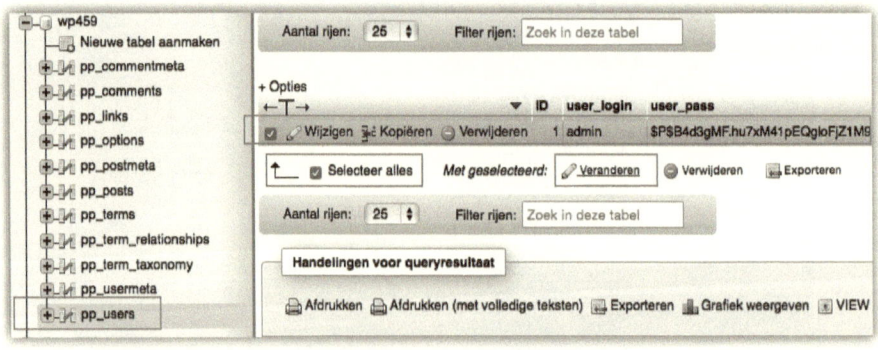

3. Zoek de betreffende gebruiker, bijvoorbeeld de gebruiker **admin**. Selecteer deze kolom met **Selecteer alles** en klik op **Veranderen**.

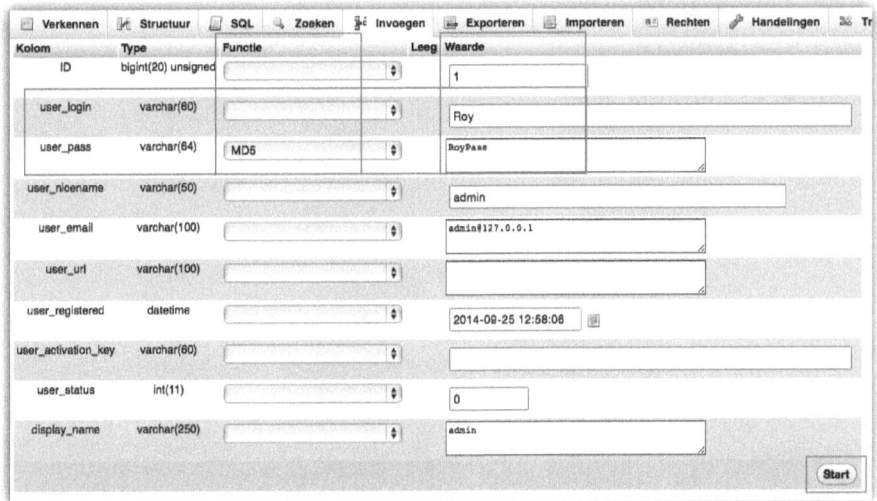

4. Onder **Waarde** (Value) - **user_login**: vul een nieuwe gebruikersnaam in.
   Onder **Waarde** (Value) - **user_pass**: vul een nieuw wachtwoord in.

5. Onder **Functie** (Function) - **user_pass**, kies voor **MD5** (encryptie).

6. Klik daarna op **Start** of **Opslaan**.

De gebruikersnaam en het wachtwoord zijn aangepast. Ga naar je website en gebruik de nieuwe inloggegevens om in te loggen.

Back-up maken

Altijd handig om te beschikken over een back-up van de database.

1. Vanuit phpMyAdmin selecteer je aan de linkerzijde jouw **database** van de betreffende WordPress installatie.

2. Klik op de tab **Exporteren**. Daarna op de knop **Starten**.

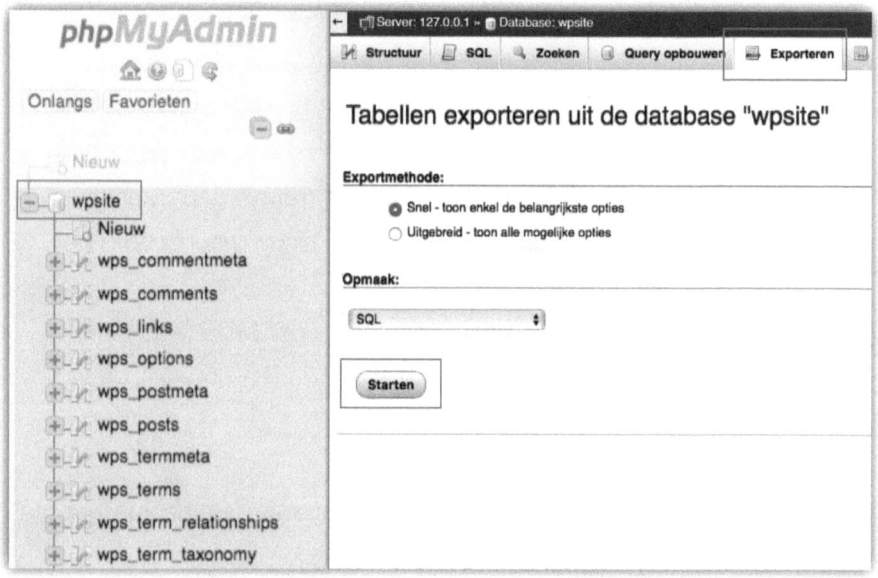

Een MySQL backup is als Zip-bestand te vinden in de folder **Downloads**.

Als je een volledige back-up wilt maken, vergeet dan niet om ook een kopie te downloaden van het volledige WordPress-systeem op de webserver.

Zoek en vervang

Met de methode 'zoek en vervang' kun je bijvoorbeeld snel een veelvoorkomende URL in de database vervangen.

1. Vanuit phpMyAdmin selecteer je aan de linkerzijde jouw database van de betreffende WordPress installatie.

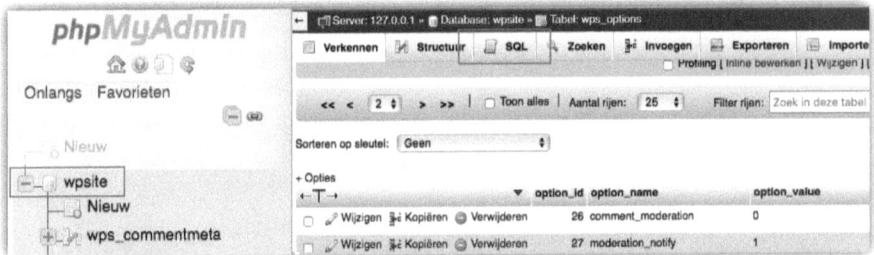

2. Klik daarna op de tab **SQL**.

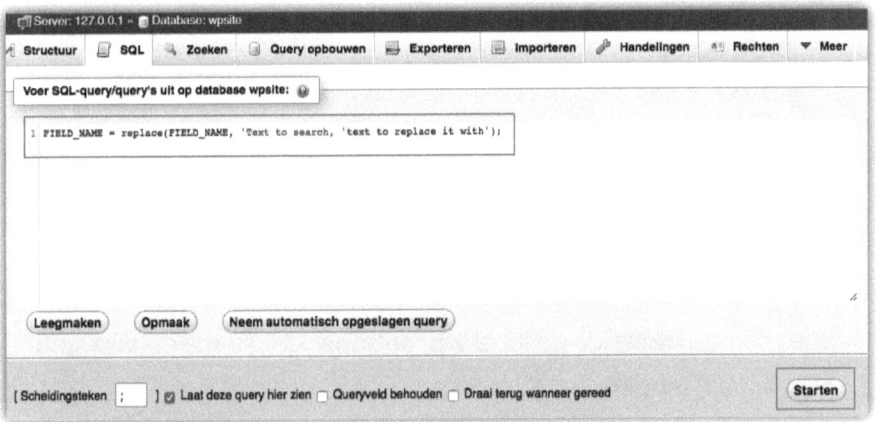

3. Plaats in het tekstveld het onderstaande commando:

   FIELD_NAME = replace(FIELD_NAME, 'hier tekst zoeken, 'hier tekst vervangen');

4. Klik daarna op de knop **Starten** of **Opslaan**.

Plugins deactiveren

Indien een plugin de oorzaak is van een probleem dan kun je met deze methode alle plugins uitschakelen.

1. Vanuit phpMyAdmin selecteer je aan de linkerzijde jouw database van de betreffende WordPress installatie.

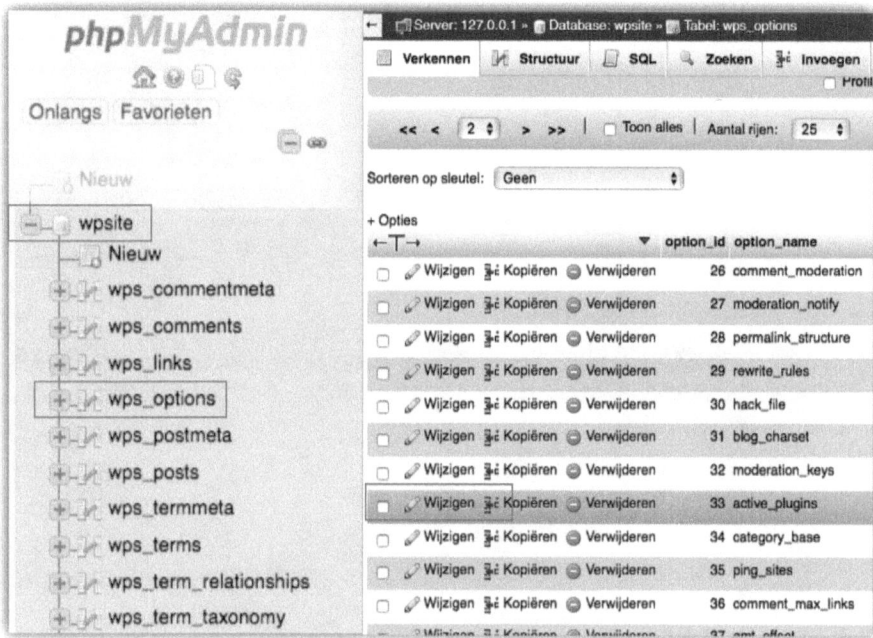

2. Kies aan de linkerzijde de tabel **wp_options**, klik daarna op **wijzigen** van **active_plugins**.

3. Verander in het nieuwe scherm de waarde in het tekstveld: **option_value** naar **a:0:{}**

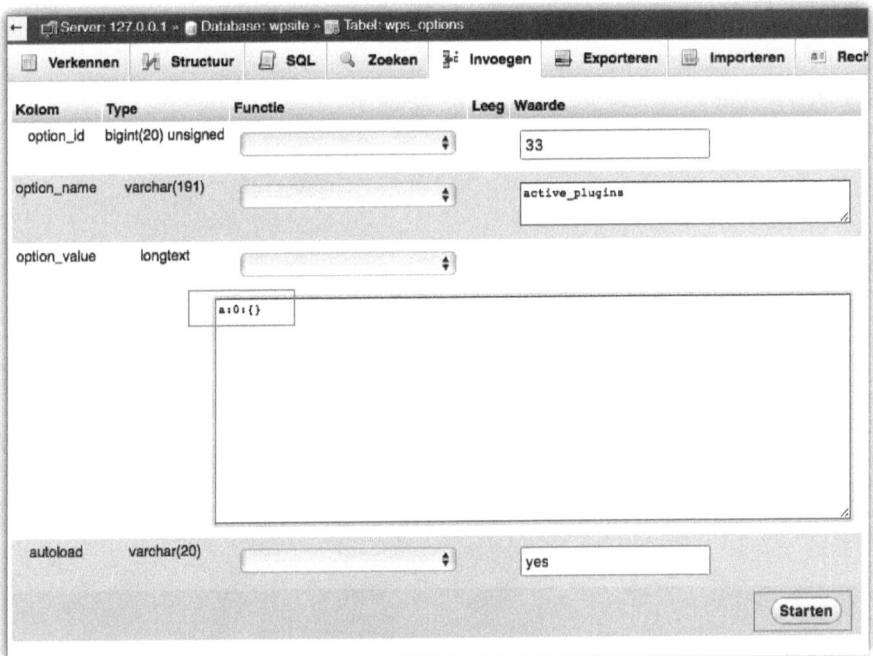

4. Klik daarna op de knop **Starten** of **Opslaan**.

WORDPRESS - Onder De Motorkap

DEVELOPER TOOLS

Er zijn nog een aantal developer tools die kunnen helpen bij het ontwikkelen van een WordPress-site. Zo kun je met behulp van deze tools snel CSS-classes achterhalen, foutmeldingen traceren of codes genereren.
Ik adviseer dan ook om hiervan gebruik te maken. Op de volgende pagina's laat ik een aantal developer tools zien die je kunt gebruiken.

Browser developer tool
In het hoofdstuk WordPress in actie wordt gebruik gemaakt van een standaard browser (Safari) om in de broncode te kijken. Met behulp van de browser kun je snel achterhalen welke CSS-classes worden gebruikt om bepaalde elementen van een stijl te voorzien.

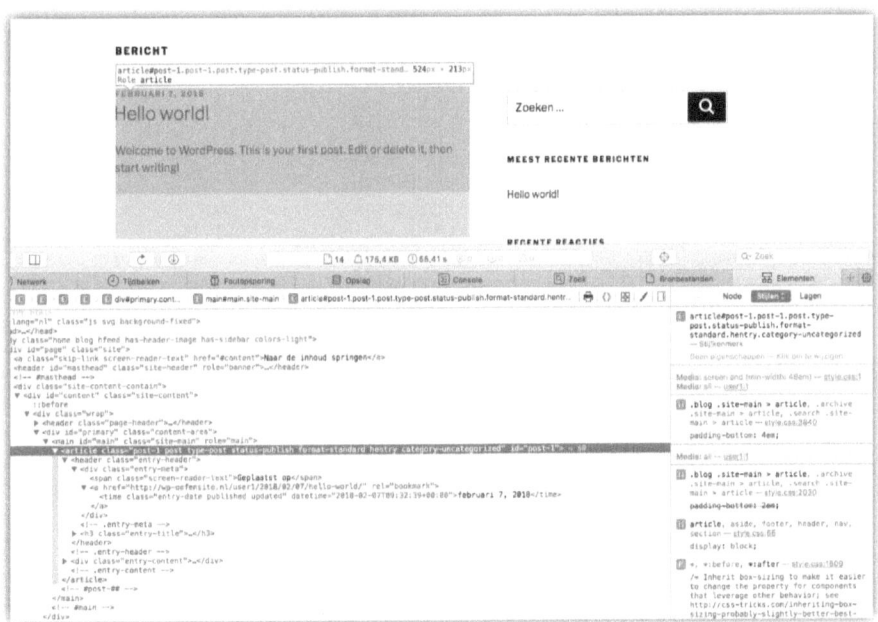

CSS-classes worden in WordPress niet gegenereerd, maar zijn direct opgenomen in theme-bestanden.

Om een bepaald element aan te passen, kun je met behulp van de developer tool in combinatie met de rechtermuisknop de optie Element Inspecteren kiezen. In de code wordt aangegeven welke CSS-classes worden gebruikt. Door een theme-bestand te openen, is snel te achterhalen waar deze classes zich bevinden.

Om de developer tool in Safari te activeren, ga je naar: Menu > Safari > Voorkeuren. Activeer de optie Toon Ontwikkel-menu in menubalk.

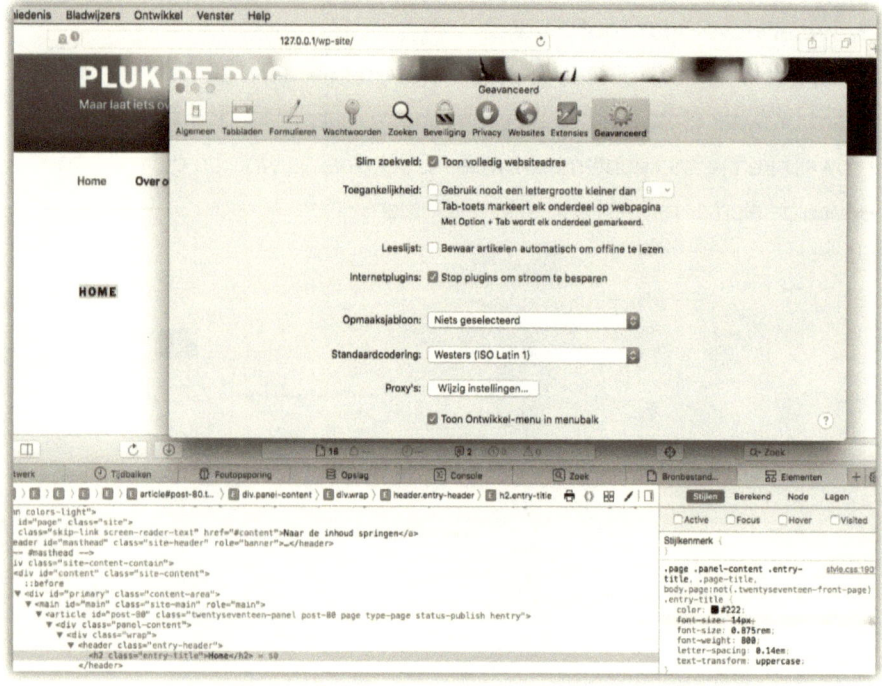

In het menu verschijnt de optie Ontwikkel. Daarna kun je gebruik maken van de optie Inspecteer Element.

De developer tools in Chrome en Firefox zijn standaard aanwezig.
In Google Chrome vind je ze onder Menu > Weergave > Ontwikkelaar.
In Firefox vind je ze onder Menu > Extra > Webontwikkelaar.

Lokale server

Wil je een WordPress-site ontwikkelen, doe het dan eerst op jouw eigen computer. Ben je daarmee klaar, plaats dan een kopie online. Met een lokale server ontwikkel je in alle rust een website. Het voordeel is dat core bestanden direct zijn te benaderen, ze bevinden zich op jouw eigen computer. Een FTP-programma is hierbij niet nodig. Mijn voorkeur gaat uit naar **LOCAL**: www.localwp.com.

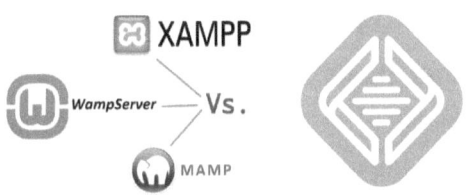

Wil dit programma niet werken op jouw computer maak dan gebruik van een alternatief: XAMPP, WAMP of MAMP.

Code editor

Werken met een Code Editor bespaart een hoop tijd. Openingstags worden automatisch afgesloten. Tijdens het typen van code kun je gebruik maken van code-hints. Dankzij de structuuropbouw is het overzichtelijk en leesbaar. Met kleuren is te zien of er fouten zijn gemaakt. Daarnaast is de code voorzien van regelnummers, handig bij foutmeldingen.

```
add_action( 'wp_enqueue_scripts', 'my_theme_enqueue_styles' );
function my_theme_enqueue_styles() {

    $parent_style = 'parent-style'; // This is 'twentyseventeen-style' for the Twenty Sev

    wp_enqueue_style( $parent_style, get_template_directory_uri() . '/style.css' );
    wp_enqueue_style( 'child-style',
        get_stylesheet_directory_uri() . '/style.css',
        array( $parent_style ),
        wp_get_theme()->get('Version')
    );
}
```

Mac: Atom, Brackets, Espresso.
Windows: Notepad++, Brackets, Visual Studio Code.

Code inspecteren

Met de plugin **Another Show Hooks** worden Hooks, Actions en Filters aan de voor-en achterkant van de website zichtbaar gemaakt.

Developers kunnen hiermee elementen inspecteren (bovenaan in de dashboard-balk) en informatie vinden.

Meer info: *https://exlac.com*.
Plugin: *https://wordpress.org/plugins/another-show-hooks/*.

TOT SLOT

Na het lezen van dit boek heb je voldoende kennis opgedaan om zelfstandig WordPress Onder De Motorkap aan te passen.

Je hebt meer inzicht gekregen over de structuur en bestanden van WordPress. Je weet inmiddels hoe je een Multisite-netwerk maakt. Je hebt meer kennis van de programmeertaal PHP gekregen. Je weet waarom het belangrijk is om te werken met een child theme en hoe je extra functies toevoegt. En uiteindelijk weet je hoe je shortcodes, plugins, widgets en custom post types kunt maken.

Zoals ik in het begin van dit boek heb vermeld, is dit boek praktisch en direct toe te passen. Ik hoop dat ik je een solide basis heb gegeven.

Wil je nog dieper op WordPress ingaan?
Dan kun je terecht bij **WordPress Codex**.
Dat is "DE verzameling van alle documentatie gerelateerd aan WordPress".
Zie *https://codex.wordpress.org*.
Of gebruik de Code Reference: *https://developer.wordpress.org/reference*.

Ik wens je veel succes met WordPress!

WORDPRESS - Onder De Motorkap

OVER DE SCHRIJVER

Roy Sahupala, multimedia-specialist

" Multimedia-specialist is maar een titel. Naast het maken van multimedia-producten geef ik al meer dan 24 jaar webdesign-training en blijf ik het leuk vinden als mensen enthousiast worden doordat ze in korte tijd veel meer kunnen dan ze vooraf voor mogelijk hielden "

Na zijn opleiding industriële vormgeving heeft Roy zich opgeleid als multimedia-specialist en heeft daarna gewerkt bij verschillende bureaus. Sinds 2000 is hij eigenaar van zijn bedrijf, WJAC (With Jazz and Conversations), dat multimedia-producten levert voor diverse klanten en reclamebureaus.

Sinds 2001 is Roy actief als trainer en heeft hij in samenwerking met verschillende internet-opleidingen diverse webdesign-trainingen opgezet.

WordPress boeken geschreven door Roy Sahupala:

https://www.amazon.nl/s?k=sahupala

www.ingramcontent.com/pod-product-compliance
Lightning Source LLC
Chambersburg PA
CBHW031612210526
45464CB00004B/1544